Die Sinngebung menschlichen Daseins

und verantwortlichen Handelns aus christlicher Motivation

Evangelische Religion

Lehrerband

Sandra Bertl

Ernst Klett Verlag
Stuttgart · Leipzig

Bildquellennachweis

Cover.1 Fotolia.com (Hayati Kayhan), New York; **Cover.2** Fotolia.com (cirquedesprit), New York; **Cover.3** Fotolia.com (Nolte Lourens), New York; **Cover.4** Fotolia.com (Tobilander), New York; **24** Fotolia.com (silencefoto), New York

Sollte es in einem Einzelfall nicht gelungen sein, den korrekten Rechteinhaber ausfindig zu machen, so werden berechtigte Ansprüche selbstverständlich im Rahmen der üblichen Regelungen abgegolten.

1. Auflage

Alle Drucke dieser Auflage sind unverändert und können im Unterricht nebeneinander verwendet werden.
Die letzte Zahl bezeichnet das Jahr des Druckes.

Redaktion: Julia Scherer
Herstellung: Antje Heusing
Autorin: Sandra Bertl, Apelern

Gestaltung: Ernst Klett Verlag GmbH
Umschlaggestaltung: Ernst Klett Verlag GmbH
Satz: Markus Schmitz, Büro für typographische Dienstleistungen, Altenberge
Druck: Bosch-Druck GmbH, Ergolding

Printed in Germany
ISBN 978-3-12-006676-7

9 783120 066767

Inhalt

1 Ethik – Die Lehre vom guten Handeln

Das Arbeitsheft orientiert sich in der Auswahl der Materialien und den Anregungen zur Weiterarbeit an den Prinzipien des Kooperativen Lernens, das auch mit wenig erfahrenen Schülerinnen und Schülern in der Oberstufe durchaus gewinnbringend eingesetzt werden kann. Obwohl viele Arbeitsanregungen den Grundbedingungen des Kooperativen Lernens folgen, sind sie jedoch nicht zwingend als solche chronologisch einzuhalten bzw. ‚abzuarbeiten'. Sollte das Einhalten einer gewissen Reihenfolge an einigen Stellen didaktisch notwendig erscheinen, finden sich im Lehrerhandbuch dazu kursiv gesetzte Hinweise.
Darüber hinaus beinhaltet das Lehrerhandbuch exemplarisch Vorschläge für Tafelbilder, zahlreiche Querverweise auf frühere/spätere Materialien des Arbeitsheftes sowie einen Vorschlag für eine (Übungs-)Klausur.
Chronologisch werden alle Materialien und Arbeitsanregungen dargestellt. Die Angaben zu Materialien und Seitenzahlen beziehen sich dabei grundsätzlich auf das Arbeitsheft.

Im einführenden ersten Kapitel beschäftigen sich die Schülerinnen und Schüler (im Folgenden durch S abgekürzt) mit Grundlagen ethischer Entscheidungsfindung sowie grundlegenden ethischen Ansätzen.

1.1 Einführung

Die Materialien M 1 *bis* M 4 *sollten je nach Vorwissen und Kenntnisstand der S chronologisch bearbeitet werden. Den Materialien schließen sich die Arbeitsaufträge 1–5 auf Seite 7 an.* M 5 *bis* M 8 *(Seite 6–7) können im Anschluss exemplarisch bearbeitet werden, hier ist auch ein späterer Rückgriff (z.B. aus einem medizinethischen Konfliktfeld) denkbar.*

In M 1 begegnen die S einem 2006 veröffentlichten Bild des Berliner Künstlers Georg Laurisch, der in einer besonderen Technik seine Werke nur aus Acrylfarbe ohne Trägermaterial fertigt. Im Original trägt das Bild den Titel „Lianen-Dschungel".
Im Arbeitsheft ist der Titel des Bildes nicht aufgeführt worden, um eine möglichst offene Interpretation zu ermöglichen.
In **Arbeitsauftrag 1** (Seite 7) soll nach umfassender Beschreibung des Bildes ein passender Titel vorgeschlagen werden: Die chaotische, unübersichtliche Struktur der grünen, ineinander verschlungenen Gebilde erinnert an ein Dickicht, das nur schwer überwindbar oder schwer durchdringbar zu sein scheint; Orientierung in diesem Irrgarten fällt schwer, ebenso die Identifizierung und Zuordnung konkreter Formen im Vorder- oder Hintergrund; denkbar wäre auch, die grünen Lianen als Wege zu deuten.

M 2 führt die S in gut verständlicher Sprache und ausgehend von der Notwendigkeit, Entscheidungen treffen zu müssen, an einem alltagsnahen Beispiel (dem Nicht-Aufstehen am Morgen) in die Grundbegriffe „Ethik", „Ethos" und „Moral" ein, als deren Aufgabe man die Frage nach der richtigen Entscheidung bzw. dem richtigen Handeln ansehen kann.

Die wichtigsten Aspekte aus M 2

- *Ethik (vom griech. ‚ethos')* = Weideplatz für Tiere/gewohnter Sitz; später Gewohnheit, Sitte, Charakter
- *Moral (vom lat. ‚mos/moris' als Übersetzung des griech. ‚ethos')* = eigentliches Synonym zu Ethik

In **Arbeitsauftrag 2** (Seite 7) sollen Gemeinsamkeiten zwischen Bild und Text hergestellt werden, denkbar wären:
- Vielschichtigkeit der Abwägungen bei Entscheidungen („Welcher Weg ist der richtige?"),
- Orientierungsschwierigkeiten bei Entscheidungen und Abwägungen (manchmal weiß man erst später, ob die Entscheidung wirklich gut war),
- Was ist meine Orientierung, wenn ich mehrere Wege zur Verfügung habe?,
- manche Wege sind nicht gradlinig, sind Umwege,
- Orientierungshilfen fehlen manchmal.

Es ist möglich, mit dem Zitat Albert Schweitzers M 4 die erste Annäherung an das Thema ‚Ethik' abzurunden.

Die wichtigsten Aspekte aus M 4

- Ethik ist kein feststehendes, unverrückbares Gesetz (Bild des planvoll angelegten Parks mit deutlichen Wegen),
- Ethik als Wildnis, als Dschungel,
- jeder muss *seinen eigenen Weg* finden,
- Antrieb ist für Schweitzer (!) das Pflicht- bzw. Verantwortungsgefühl, das eine eindeutige Richtung vorgibt.

M 3 stellt den Versuch dar, den unübersichtlichen Komplex ‚Ethik' als Mindmap mit Ergänzungscharakter nach verschiedenen Möglichkeiten der Einteilung/Klassifizierung zu strukturieren und den S damit für die folgende Arbeit Orientierungshilfen zu geben. Um den S die Möglichkeit zu geben, ihre eigenen Ergänzungen vorzunehmen, sollte die Grafik möglichst ins Heft/auf ein Blatt übertragen und im Lauf des Semesters immer wieder zur Sicherung der Ergebnisse ergänzt/erweitert werden.

In **Arbeitsauftrag 3** (Seite 7) sollen sich die S gemäß der Phasen des Kooperativen Lernens zunächst in der ersten Phase (‚Think' – **Arbeitsaufträge a und b**) einen Überblick über die mögliche Einteilung ethischer Ansätze verschaffen.

Erfahrungsgemäß fällt S der Einstieg über die Einteilung nach Anwendungsbereichen am leichtesten. Wichtig im Sinne konstruktiven Lernens ist, dass diese Phase als Einzelarbeit durchgeführt wird, denn die Orientierung über neues Wissen bei gleichzeitigem Zuhören/sich Äußern, z. B. in einer Gruppenarbeit, ist der Integration von neuem Wissen eher abträglich.
Erst in der zweiten Phase (‚Pair' – **Arbeitsauftrag c**) sollen gefundene Ergänzungen bzw. Problemstellen/Unverstandenes gemeinsam mit dem Tischnachbarn ausgetauscht werden und Wissen so ‚ko-konstruiert' werden.
Es bietet sich an, in der dritten Phase des konstruktiven Lernens (‚Share') im Plenum anschließend Unverstandenes zu klären bzw. in den Vorsemestern bereits behandelte Autoren zuzuordnen usw.

In **Arbeitsauftrag 4** (Seite 7) ist gefordert, die Einteilung der Ethik nach Anwendungsbereichen zu ergänzen, etwa durch konkrete Beispiele:

- Bioethik – Medizinethik – PID
- Bioethik – Umweltethik – Klimaschutz
- Bioethik – Umweltethik – Atompolitik
- Bioethik – Tierethik – Ausstieg aus der Massentierhaltung (hier wäre auch eine Zuordnung unter Wirtschaftsethik denkbar)

In **Arbeitsauftrag 5** (Seite 7) sollen als Sicherung der ersten Annäherung an das Thema die Erkenntnisse der Auseinandersetzung mit den Materialien M 1 bis M 4 in einem gut verständlichen Lexikonartikel zusammengefasst werden.

M 5 thematisiert anhand der Anfänge der Ethik die Unterscheidung zwischen relativem und absolutem Verständnis in ethischem Denken.

Die wichtigsten Aspekte aus M 5

- Ethik ist verknüpft mit sozialen und politischen Konstellationen.
- Beginn der Ethik durch die Entdeckung der örtlich unterschiedlichen Auslegungen von ‚Gerechtigkeit':
  - daraus ergab sich die Frage, ob ‚Gerechtigkeit' ein relativer Begriff sei (in Athen anders als in Korinth)
  - oder ob ‚Gerechtigkeit' ein absoluter Begriff sei (Bedeutung unabhängig von temporären, lokalen oder kulturellen Bedingungen).

In **Arbeitsauftrag 6** (Seite 7) sollen die S diskutieren, ob absolute Gerechtigkeit existiert, und definieren, worin eine solche absolute Gerechtigkeit bestehen müsse.
Gegen die Existenz absoluter Gerechtigkeit spricht:

- dass unsere Vorstellung von Gerechtigkeit von unseren sozialen und kulturellen Vorstellungen geprägt ist und damit per se nicht objektiv und absolut sein kann,
- dass Gerechtigkeit nicht exakt definiert ist,
- dass Gerechtigkeitsvorstellungen subjektiv voneinander abweichen (selbst die Vorstellung, jeder erhielte das Gleiche/die gleiche Behandlung, ist objektiv gesehen nicht gerecht; Bsp. Lohnunterschiede/gerechter Lohn).

Die Abbildung M 6 zeigt eine weitere Typisierungsmöglichkeit von Ethik insofern auf, als die in den Blick genommenen bzw. berücksichtigten Interessen in konzentrischen Kreisen dargestellt werden. Die Grafik M 3 kann im Knotenpunkt „Zahl der avisierten Personen" weiter ausgeschärft werden.

M 7 vertieft die theologisch-christliche Dimension ethischer Urteilsfindung und ergänzt damit die Grafik M 3 „Begründung ethischer Aussagen – Theologische Ethik – Christliche Ethik":

Die wichtigsten Aspekte aus M 7

- Aufruf zur Bildung eines ethischen Urteils lässt sich biblisch begründen (z. B. in den Paulusbriefen) (Z. 3 ff.),
- Gottes Wille ist nicht für jede Lebenssituation klar definiert und verfügbar (Z. 10 f.),
- trotz überlieferten Erfahrungswissens kann die Bibel für aktuelle ethische Probleme nicht als konkreter Weisungskatalog mit Handlungsdirektiven in Betracht gezogen werden (Z. 15 ff.),
- theologische Dimension der ethischen Urteilsfindung bedeutet demnach vor dem Hintergrund christlicher Wertmaßstäbe, selbst mögliche Handlungsalternativen zu prüfen und abzuwägen (Z. 20),
- besonderes Augenmerk liegt dabei auf christlichen Grundannahmen (Ebenbildlichkeit, Verantwortung für eigenes und verantwortetes Leben, Unverfügbarkeit menschlichen Lebens, Endlichkeit und Fehlbarkeit des Menschen), die sich auf die ethische Urteilsfindung auswirken (Z. 29 ff.),
- Rückbindung ermöglicht Hoffnung, Annahme und Vertrauen auf Gottes Güte, auch in Situationen, die wir trotz Bemühungen nicht verbessern können (Z. 47 ff.).

M 8 stellt die wichtigsten Unterschiede zwischen deontologischer und teleologischer Ethik einander gegenüber und zeigt eine mögliche Synthese der scheinbar einander gegenübergestellten Ansätze auf.

Die wichtigsten Aspekte aus M 8 als Tafelbild/Tabelle

	Teleologische Ethik	Deontologische Ethik
Wortbedeutung/ Herkunft	• télos = das Ziel	• tó déon = die Pflicht, das Geforderte
	• bewertet ein Handeln am Ziel/Ergebnis, das es bewirkt; Güterabwägung	• orientiert sich an Grundsätzen, am Sollen/an Geboten, Verboten, Moralprinzipien (unabhängig davon, ob es realisierbar ist)
veranschaulichendes Beispiel	• Bsp. Folterverbot gilt nur dann, wenn die Ergebnisse schlechte wären • Bsp. (Rettungs-) Folter (vgl. Fall Daschner – Entführung von Jacob v. Metzler)	• Bsp. Folterverbot gilt grundsätzlich • Bsp. (Rettungs-) Folter (vgl. Fall Daschner – Entführung von Jacob v. Metzler)
zuzuordnende Ethiken	• Utilitarismus	• Kants *Pflichtethik* und Kategorischer Imperativ • theologische Ethik (Querverweis/Verbindung zur theologischen Ethik)
	Teleologie und Deontologie stellen keine zwingenden Alternativen bzw. absolute Gegensätze dar; gemäßigte Formen beider Ethiken erlauben Vereinbarkeit miteinander.	

In **Arbeitsauftrag 7** (Seite 7) ergänzen die S die Grafik M 3 im Knotenpunkt „Prinzipien/Werte“:

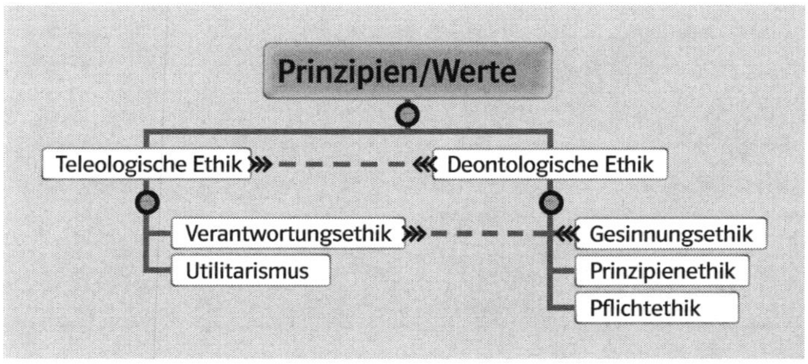

Die tabellarisch oben aufgeführten Ergänzungen können in die Grafik eingearbeitet werden; denkbar ist auch, den Abschnitt der Grafik übertragen zu lassen und/oder die Ergänzungen tabellarisch unter die Zweige der Mindmap vorzunehmen.

2 Ethische Ansätze bzw. Theorien

2.1 Deontologische Ethik: Die Pflichtethik Immanuel Kants

Die folgende Doppelseite führt in das Denken I. Kants und in die deontologische Ethik ein. Kants Text setzt ein bei der Frage, was – analog zum Thema der Ethik, dem guten Handeln – eigentlich ohne Einschränkung gut sei.
Als Vorüberlegung könnten die S in einem Brainstorming überlegen, was uneingeschränkt als Ursache/Ursprung eines ethischen, d.h. guten Handelns gelten könne.
Der Originaltext Kants M 1 ist erfahrungsgemäß für S eher schwer verständlich, deshalb wird er durch auslegende Interpretationen in M 2 und M 3 gestützt.
An dieser Stelle kann eine exemplarische Lektüre der drei Materialien nicht empfohlen werden, insbesondere deshalb, weil der Kant-Text mit Blick auf die erläuternden Texte stark gekürzt wurde.
Die Erschließung des problematischen Kant-Textes bietet sich mithilfe der Zusatzmaterialien in kooperativer Vorgehensweise und ggf. analog zur Teilung der Auslegungstexte sukzessiv (M 1 bis Z. 29 + M 2; M 1 ab Z. 30 + M 3) an.
Wichtig in diesem Zusammenhang ist jedoch, dass zunächst die erste Phase (‚Think') in stiller Einzelarbeit auch zeitlich angemessen lang anberaumt wird, da sonst leistungsschwächere S in den darauffolgenden Phasen (‚Pair' und ‚Share') von der Lernprogression ausgeschlossen werden. Daher sollten die Phasen des Austausches in der Gruppe bzw. später im Plenum erst nach ausreichender Eigenbearbeitung, ggf. in einer Hausaufgabe, erfolgen.
Es hat sich bewährt, die S darauf hinzuweisen, dass M 2 und M 3 den Originaltext auslegen und daher parallel gelesen werden sollten. Zudem sollten spätere Arbeits-/Gruppenergebnisse (Konspekte) für die Share-Phase z.B. auf OHP-Folie zugänglich gemacht werden.

In **Arbeitsauftrag 1** (Seite 9) soll der komplexe Gedankengang Kants mithilfe der Auslegung durch R. Ludwig anhand der Technik des grafischen Konspekts erarbeitet und das Konspektieren eingeübt werden.
Ein solcher grafischer Konspekt könnte folgendermaßen aussehen, wobei auch andere Ergebnisse möglich und erwünscht sind:

Mögliches TB / grafischer Konspekt zu I. Kant: „Ethik der Pflicht – der kategorische Imperativ

Ausgangspunkt:
Was kann uneingeschränkt als "gut" gelten?
= guter Wille

⟷

analog dazu verhält es sich mit den **Handlungen**,

gelten als gut, wenn sie durch die Maxime bestimmt sind:
„allein aus Pflicht"

Kant grenzt sich vom traditionellen Verständnis ab, nach dem das als ethisch gut angesehen ist, was einem wertvollen Zweck/der zu erreichenden Absicht förderlich ist.

↓

Ausrichtung an einer **Maxime** (= **beabsichtigte/gewollte Handlungsweise** mit dem Anspruch, nicht bloß in dieser Einzelsituation gelten zu wollen)

→

sondern:
Handeln
<u>aus Pflicht</u>
(= Achtung fürs Gesetz)

nicht:
pflichtgemäßes/
pflichtmäßiges
Handeln

z.B. ‚ehrlicher' Händler, dessen Motive nicht in Vorteilsdenken/Eigennützigkeit liegen, das wäre pflichtmäßig, sondern Ausrichtung an dem, was jenseits individueller Bedürfnisse/Vorlieben für alle Menschen Gesetz sein/werden könnte

Kants allgemeiner Imperativ der Pflicht/
kategorischer Imperativ:
„Handle so, als ob die Maxime deiner Handlung durch deinen Willen zum allgemeinen Naturgesetze werden sollte."

Da sich der Mensch erfahrungsgemäß nicht automatisch für die vernünftigste Lösung entscheidet, sondern oft genug anderen Motiven/Bedürfnissen folgt, muss der Wille durch ein Gebot unter ein allgemeines Prinzip/Gesetz gezwungen werden → Imperativ

2.2 Gesinnungs- und Verantwortungsethik

Allgemeine Einführung zum Begriff „Verantwortung“:

	herkömmliches Verständnis von „Verantwortung“	**erweitertes Verständnis von „Verantwortung“ in der neueren Diskussion**
Begriff	bedeutet eigentlich „sich als Angeklagter vor Gericht verteidigen“, jmd. Antwort geben jemand wird in einer *besonderen Situation* aufgefordert, Auskunft auf Fragen zu geben, die den *Verlauf und die Gründe seines Handelns* betreffen *ethischer Schlüsselbegriff* erst nach dem Zweiten Weltkrieg	
für	(geschehene) Handlungen und deren Effekte	(zukünftige) Unterlassungen im Kontext komplexer Organisationen und ihre realen intendierten und nicht-intendierten Folgen
Zeitdimension	im Nachhinein (retrospektiv)	primär im Vorhinein, zukünftig (prospektiv)
Handlungssubjekt	der individuelle Verursacher (als freie Person)	zahlreiche Einzelne, die arbeitsteilig und organisiert miteinander kooperieren
Instanz	theologisch: Gewissen bzw. Gott neuzeitlich: das selbstbestimmte Ich	(außer Einzelpersonen:) Rollen, Aufgaben, Zuständigkeiten normative Reflexionsinstanz der Korporation, z. B. Regelungen, Ziele, Leitbilder, Kodizes politische und rechtliche Rahmenbedingungen
Bezug auf	die unmittelbar von den eigenen Handlungen Betroffenen	die unmittelbar Betroffenen sowie die Vielen, die von den Handlungen hier und jetzt indirekt betroffen sind

(nach: Konrad Hilpert, Zentrale Fragen christlicher Ethik, 2009, S. 25)

Biblische Anknüpfungspunkte zur Verantwortung in der christlichen Theologie:

- Der Mensch hat den doppelten Schöpfungsauftrag erhalten (‚bebauen und bewahren‘; Gen 2,15).
- Als Ebenbild Gottes hat er die Pflicht, diesen Anspruch auch in seinem Mitmenschen zu sehen und sich ihm und den anderen Mitgeschöpfen gemäß der Ebenbildlichkeit und dem Schöpfungsauftrag zu verhalten.
- Der Mensch hat einen freien Willen und ist in der Lage, sein richtiges oder falsches Handeln eigenständig zu bewerten (Gen 3).
- Orientierung geben auch die Zehn Gebote.
- Im Neuen Testament fordert die Bergpredigt zur Nächstenliebe, Barmherzigkeit und zur Gerechtigkeit auf.
- Verantwortung des gläubigen Menschen für seine Taten vor dem Jüngsten Gericht (Joh 12,48; 2 Kor 5,10).

In M 1 wird den S der ethische Schlüsselbegriff der Verantwortung anhand einer zeitgenössischen Karikatur nähergebracht. Es bieten sich dabei unterschiedliche Vorgehensweisen an, um den Verantwortungsbegriff näher zu bestimmen

Mögliche Arbeitsaufträge zu M 1 könnten sein:

- Sammlung der Schülerassoziationen zum Begriff der Verantwortung gemäß dem Dreischritt des Kooperativen Lernens; Systematisierung des Vorwissens angelehnt an die obenstehende Tabelle,
- Beschreibung der Grafik,
- Vergleich zwischen den eigenen Assoziationen und der Karikatur.

Weitere kreative Arbeitsaufträge zu M 1 könnten sein:

- Gestalten Sie mithilfe der Grafik einen inneren Monolog des Optikers/Augenarztes, der auch Aufschluss darüber gibt, welches Handeln des Wirtschaftsvertreters zur ‚Sehschwäche‘ in Sachen Verantwortung geführt hat (alternativ: einen Dialog zwischen Optiker/Augenarzt und Wirtschaftsvertreter).
- Entwerfen Sie ein Szenario, das erklärt, warum der Handelnde die Verantwortung nicht wahrnehmen kann.
- Erläutern Sie mithilfe der erarbeiteten Grundlagen des Verantwortungsbegriffs und der Grafik M 1 das Zitat von Günter Banzhaf: „Verantwortung ist das tragende Netzwerk menschlicher Praxis“.

Die wichtigsten Aspekte/Beschreibung zu M 1

- Zu einem Sehtest (mit verschiedenen Sehhilfen) ist ein Wirtschaftsvertreter (erkennbar an Aktenkoffer und Anzug) erschienen und soll die Buchstaben, die das Wort ‚Verantwortung‘ bilden, entziffern.
- Der Optiker/Augenarzt (?) steht schräg neben ihm.
- Zu diesem wendet sich der Wirtschaftsvertreter und äußert: „Tut mir leid, ich kann nichts erkennen.“
- Die Mimik des Optikers/Augenarztes kann nicht eindeutig entschlüsselt werden, es muss offen bleiben, ob er verwundert, besorgt oder unbeteiligt wirkt.
- Auffällig ist, dass aus dem Aktenkoffer des Wirtschaftsvertreters (Geld-)Scheine herauslugen und der neben ihm abgestellte Sack anscheinend ebenfalls mit Geld gefüllt ist. Zudem sitzt er nicht auf einem Stuhl, sondern hat es sich auf der Weltkugel bequem gemacht.

Anhand der Grafik können folgende wichtige Aussagen zum Begriff der Verantwortung abgeleitet werden:

- Verantwortung besteht für eine handelnde Person gegenüber sich selbst, anderen Personen oder Gruppen bzw. Objekten (hier im Bild scheint der Wirtschaftsvertreter eigentlich ‚globale Verantwortung‘ zu haben).

- Ergebnis des Handelns für den Wirtschaftsvertreter (in Folge: Handelnder) sind anscheinend seine finanziellen Erfolge.
- Hinsichtlich der Verantwortung scheint der Handelnde ‚blind' zu sein (im Bild sowohl durch das Nichtentziffern-können als auch durch das despektierliche Sitzen auf der Weltkugel aufgezeigt).
- Es bleibt die Frage, welche Pflichten der Handelnde wohl verletzt haben mag (denkbar wären bspw. Umweltverletzungen im Zuge von Rohstoffgewinnung wie die Erdöl-/Mineralförderung in Afrika, Spekulation mit Agrarerzeugnissen wie Reis/Weizen mit Folgen wie Hungersnöten auch durch sprunghaft gestiegene Nahrungsmittelpreise in ärmeren Regionen etc.).
- Während der normative Anspruch an das Handeln durch eine Autorität/Instanz (Gott?) eingefordert wird und vor dieser zu rechtfertigen ist, bleibt die Frage offen, ob dieses ‚Sichverantworten' mit zunehmender Säkularisierung noch relevant ist oder nicht eher gesellschaftliche Anerkennung, z.B. finanzieller Erfolg, bevorzugt wird.
- Auch stellt sich die Frage, ob mithilfe spezifischer ‚Seh-Hilfen' (Ethiken?) dem Handelnden ‚die Augen geöffnet' werden könnten.
- Ebenso wäre möglich, dass das Nichtsehenkönnen symbolisiert, dass unsere Handlungen nicht in unmittelbarem Zusammenhang zu den vielen indirekt Betroffenen/den indirekten Handlungsfolgen steht.

Mit **M 2** liegt den S ein Auszug aus Max Webers Grundsatzvortrag zur Gesinnungsethik vor.

Die wichtigsten Aspekte/Beschreibung zu M 2

♣ Weber stellt Gesinnungs- und Verantwortungsethik einander gegenüber.

♣ ‚Gesinnungsethisch' bedeutet,
- dass die Handlungsfolgen nicht in Betracht gezogen werden („der Christ tut recht und stellt den Erfolg Gott anheim", Z. 9f.),
- dass er für die Handlungsfolgen nicht verantwortlich ist („Folgen des eigenen Tuns […] auf andere abzuwälzen", Z. 21f.),
- z.T. erfolglos zu bleiben, jedoch aus der Motivation der richtigen Gesinnung zu handeln (Z. 26f.).

♣ ‚Verantwortungsethisch' bedeutet demgegenüber,
- die voraussehbaren (!) Folgen seiner Handlung mitzubedenken,
- das Handeln vom Erfolg/Nichterfolg dieser Handlung abhängig zu machen.

M 3 liefert den S einen zentralen Ausschnitt aus Albert Schweitzers ‚Ethik der Ehrfucht vor dem Leben'.
Der **Arbeitsauftrag 1** (Seite 11) versucht vorab die Bedeutung des Begriffs „Ehrfurcht" anhand von Schülerassoziationen zu klären.
Häufig werden dabei die Begriffe „Respekt", und „Demut" benannt, vielfach schwingen bereits religiöse Vorstellungen in diesem Begriff mit („Respekt vor Gott", „Heiligkeit des Lebens").

Mögliches TB zu A. Schweitzer: „Ethik der Ehrfurcht vor dem Leben"

(Allgemeingültige Beobachtung Albert Schweitzers beim Durchqueren einer Nilpferdherde während einer Flussfahrt:)

„Ich bin Leben, das Leben will, inmitten von Leben, das leben will!"
(Z.1f.)

Gegner der Ethik (Z. 33–35)
- Gedankenlosigkeit
- egoistische Selbstbehauptung
- Gesellschaft

Leben als höchster Wert (‚Heiligkeit' des Lebens, Z. 20f.), ohne Abstufungen/Einschränkungen

↓

rational-nachvollziehbare ethische Schlussfolgerung:

Das, was ich an mir wahrnehme, muss ich auch anderen zugestehen (= Ethisches Prinzip der Reziprozität)

← **schlecht:** Leben vernichten und Leben hemmen

→ **gut:** Leben erhalten und Leben fördern

„Ethik ist ins Grenzenlose gesteigerte Verantwortung gegen alles, was lebt." (Z. 32f.)
Ethisch Handeln = allem Leben, dem man beistehen kann, zu helfen (Z. 15ff.)

Mit Rückblick auf die Grafik M 6 (Seite 6) sollte darauf hingewiesen werden, dass Schweitzers Ansatz über eine Ethik, die rein auf den Menschen bezogen ist, hinausgeht und patho- bzw. biozentrische Züge aufweist.
Der Theologe Schweitzer selbst hatte den Anspruch, eine Ethik zu entwickeln, die von allen Menschen, unabhängig von ihrer religiösen oder kulturellen Herkunft, rational nachvollziehbar ist. Den Titel/Namen seiner Ethik ‚Ehrfurcht vor dem Leben' fand Schweitzer, als er mit dem Boot über den Fluss Ogowe setzte, dabei eine Herde Nilpferde beobachtete und an ihnen dieselben Bedürfnisse feststellte, wie er sie sich selbst und seinen Mitmenschen zugestehen würde (ethisches Prinzip der Reziprozität).

Während M 3 die Grundzüge seiner Ethik entfaltet (vgl. Tafelbildvorschlag: ggf. S die Inhalte zu den fett gedruckten Überschriften mithilfe des Textes erarbeiten lassen), problematisiert M 4, welche Probleme in dieser Ethik-Konzeption auf den Handelnden unweigerlich zukommen werden.

Diese Probleme können ggfs. auch an einem weiteren Beispiel aus Schweitzers Leben, dem Fall des verletzten Pelikans, erarbeitet werden:
In Schweitzers Urwaldhospital wurde einmal ein Pelikan gebracht, dem Fischer aus Ärger über den Fischräuber beide Flügel abgeschnitten hatten, sodass sich der Vogel nicht mehr selber versorgen konnte.
Schweitzer stand nun vor einem Dilemma:
- Entweder würde er nichts tun und den Vogel damit dem langsamen Hungertod preisgeben
- oder er konnte sich dafür entscheiden, den Vogel täglich mit Fischen (!) zu füttern.

Beide Varianten führten nach seiner ethischen Einschätzung zum Schuldigwerden, er entschied sich jedoch dafür, den Pelikan zu behalten und zu füttern.

Die wichtigsten Aspekte aus M 4

- ♣ Der Mensch kommt unweigerlich in Konflikte, denen er nicht ausweichen kann (vgl. Z. 4 ff.).
- ♣ Schweitzers Ethik lehnt „Kompromisse" ab (Z. 16), seine Ethik will nicht rechtfertigen, wie viel Leid zumutbar bzw. mit dem Gewissen vereinbar ist, dies entspräche einer relativen Ethik und wäre nach seinem Verständnis unethisch.
- ♣ Gleichwohl erkennt er an, dass häufig eine Notwendigkeit zur Schädigung besteht, der der Mensch nicht ausweichen kann (z. B. Vernichtung von Bakterien in ärztlicher Tätigkeit, ebenso Nahrung etc.); diese Schädigungen sind jedoch als ethisch schlecht zu beurteilen! (Vgl. Z. 26 ff.)
- ♣ Damit ist jeder denkende Mensch dazu verpflichtet, stets aufs Neue abzuwägen, inwieweit er schuldig wird/werden muss und inwieweit er die Schädigung vermeiden kann (vgl. dazu die „Motivation" des Schuldigwerdens: Gegner der Ethik!).
- ♣ Darüber hinaus sollte aus diesem ethisch geschärften Bewusstsein heraus die innere Verpflichtung, aller Kreatur Gutes zu tun, erwachsen, damit könne die stets neu hinzukommende (z. T. unvermeidliche) Schuld der Menschen an den Mitgeschöpfen abgetragen werden (vgl. Z. 38 ff.).
- ♣ Schweitzers Ethik wird von ihm selbst als absolute Ethik bezeichnet.

In **Arbeitsauftrag 2** (Seite 11) sollen die problematischen Aspekte Schweitzers herausgestellt werden. Dazu wären zu nennen:
- (unvermeidliche) Anhäufung von Schuld,
- auch unabsehbare, nicht wahrgenommene Schädigungen verursachen Schuld,
- der Mensch verschuldet sich immer mehr/entwickelt Schuldkomplexe,
- eine so große Zahl von Entscheidungen (bei jeder Kleinigkeit) wäre nicht zu bewältigen,
- der Einwand, Schweitzers Ethik sei nicht praxistauglich, weil der Mensch ja nichts essen dürfe, da er ja damit Pflanzen und Tiere schädige, ist mit genauer Textkenntnis zu entkräften; das Prinzip der Reziprozität verweist deutlich auf eigene Bedürfnisse, die nicht ausgeschaltet werden; Schweitzers Ziel ist ein höherer Grad an Bewusstsein!,
- ebenso ist der Einwand abzulehnen, dass sich die Natur auch anders verhalte, als Schweitzer in seiner Ethik fordere. Eine von der Natur abgeleitete Forderung nach ethischem Sollen würde in diesem Kontext als naturalistischer Fehlschluss beurteilt werden müssen,
- von den Schülern werden häufig die Gegner der Ethik als zutreffend wahrgenommen, Beispiele liefern z. B. der eigene Umgang mit einer als ‚eklig' wahrgenommenen Spinne/einem Insekt im Zimmer ebenso wie der in unserer Gesellschaft ‚normale' Umgang mit Tieren in der Massentierhaltung, z. B. in der Geflügel- oder Schweinezucht,
- auch Schweitzers Zitat „Mein Glück erbaut sich auf der Schädigung der Nebenmenschen (Z. 14) hat mit Blick auf Ausnutzung von Arbeitskräften/Ressourcen in Drittweltländern nichts an Aktualität verloren und lässt sich anhand zahlreicher Beispiele, die auch die Lebenswelt der S tangieren (z. B. Handy-„Verbrauch"/-Erneuerung, Kleidung etc.) aufzeigen.

Mögliche ethische Problemstellungen zur Bearbeitung von **Arbeitsauftrag 3** zu M 5:
- Denkbar wären hier auf jeden Fall Beispiele aus der Umwelt- und Tierschutzethik (z. B. Massentierhaltung, Tierversuche, Zootierhaltung etc.).
- Ebenfalls wäre der Umgang mit Schwachen in der Gesellschaft (medizinethische Fragestellungen) denkbar.

M 6 versucht Schweitzers Schuldbegriff in umweltethischer Perspektive aufzulösen.

Die wichtigsten Aspekte aus M 6 (die zur Bearbeitung des Arbeitsauftrags 4 (Seite 11) herauszuarbeiten sind)

- Schweitzers Ansatz (mit dem Fehlen einer konkreten Abwägung zwischen gerechtfertigter und nicht-gerechtfertigter Schädigung) ist die einzig konsequente Lösung.
- Sie führt dazu, sich langfristig auf besseres Handeln hin zu orientieren (eigentliches Ziel der Ethik), und zwar auch dann, wenn andere Ethiken den Menschen in ruhigem Gewissen wiegen (Bsp. Notwehrsituation bei der Erschießung des Eisbären während eines Abenteuerurlaubs).
- Schweitzers Ethik kann als Kompass gelten (vgl. M 1 auf Seite 4 bzw. M 4 auf Seite 6).

2.3 Utilitarismus

M 1 zeigt einen Ausschnitt aus J. Benthams ‚Bilanzierung' der Handlungsfolgen zur Beurteilung der ethischen Tendenz (gut oder schlecht).

Die wichtigsten Aspekte aus M 1

Folgende Parameter sind für die Beurteilung einer Handlung zu bestimmen:

- Freude gegenüber Leid, die in erster Linie von einer Handlung hervorgebracht werden (a + b),
- Freude gegenüber Leid, die in zweiter Linie von einer Handlung hervorgebracht werden (c + d),
- alle Freuden seien zu addieren und der Summe aller Leiden gegenüberzustellen; aus dem Übergewicht der jeweiligen Seite ergebe sich die Tendenz einer Handlung (e),
- gleiches müsse für alle übrigen, betroffenen Personen bilanziert werden; ein Gesamt-Übergewicht der Freude zeige die gute Tendenz der Handlung, ein Gesamt-Übergewicht des Leids zeige die schlechte Tendenz (f).

Problematisierung:

- In Benthams ‚Anleitung zur Bilanzierung' sind die Gewichtungen der Interessen nicht vorgegeben; es muss offen bleiben, ob die Interessen des primär Betroffenen gleich stark in der Bilanzierung gewertet werden wie die Interessen eines nur periphär Betroffenen.
- Zudem stellt sich die Frage, ob auch indirekte Handlungsfolgen mit dieser Art der Bilanzierung ‚gerecht' erfasst werden können (z. B. Umweltschäden).

Der **Arbeitsauftrag 1** (Seite 13) möchte die S über eine Konkretisierung von Benthams Bilanz auf die o. a. Probleme aufmerksam machen. Für das Beispiel der Bilanzierung von Tierversuchen lässt sich festhalten:

a) *Freude in erster Linie aus Tierversuchen:* keine
b) *Leid in erster Linie:* Leid der Tiere, die für die medizinische Forschung, Entwicklung von Medikamenten/Kosmetika etc. in Versuchslabors genutzt werden.
c) *Freude in zweiter Linie:* möglicher Erfolg der Wissenschaftler (Entwicklung eines wirksamen Medikaments etc.)
d) *Leid in zweiter Linie:* Fehlschläge, Probleme der Übertragung der Forschungsergebnisse auf die eigentliche Zielgruppe (den Menschen), Mitleid mit den nicht artgerecht gehaltenen Labortieren
e) *Summe der Freuden vs. Summe des Leids:* Zählt das Leid der Tiere genauso viel wie das Leid des Menschen bzw. zählt die Freude der Forscher über Fortschritte/neue Erkenntnisse mehr als das Leid der Tiere?
f) *anscheinend Betroffene Dritte*:
   - kranke Menschen, die auf Fortschritte in der medikamentösen Therapie/medizinischen Forschung warten,
   - Tierschützer, die sich für gequälte Labortiere einsetzen,
   - Verbraucher, die günstige und getestete Waren (Kosmetika) wünschen.

Der **Arbeitsauftrag 2** (Seite 13) fordert von den S eine begründete Stellungnahme ein. Allgemein lässt sich festhalten:

- dass die Bilanzierung aufgrund der o. a. Problematisierung schwerfallen dürfte und
- zudem die Frage offen bleiben muss, inwieweit Freude und Leid durch Dritte angemessen erfasst und bewertet werden können (neuere Forschungen sprechen einer Reihe von Tieren ein Ich-Bewusstsein zu; wie kann das Leid dieser Tiere angemessen erfasst werden?).

M 2, ein Ausschnitt aus Peters Singers ‚Praktischer Ethik', führt eine moderne Variante des Utilitarismus ein, den u. a. durch Singer geprägten ‚Präferenz-Utilitarismus'.
Der Begriff ‚Präferenz-Utilitarismus' wird im Textausschnitt zwar nicht explizit genannt, jedoch in Abgrenzung zum klassischen Utilitarismus erläutert und kann im Anschluss an die Erarbeitung eingeführt werden. ‚Präferenz' lässt sich allgemein gut durch den Begriff ‚Interessen der Betroffenen' ersetzen.

Die wichtigsten Aspekte aus M 2

- Singer spricht sich gegen den Speziezismus aus, d. h. nicht unsere (menschlichen) Interessen dürfen mehr zählen/stärker gewichtet werden als die anderer Spezies (vgl. Z. 16 ff.),
- anhand des Frucht-Beispiels versucht Singer aufzuzeigen, dass in der Konsequenz die Interessen aller Beteiligten zu berücksichtigen sind; im Beispiel der gesammelten Früchte hieße dies, die Früchte mit den anderen zu teilen (Z. 18–43),

- allerdings sei zu bedenken, dass mit einer solchen Handlung das Verhalten aller Betroffenen u. U. negativ beeinflusst werden könnte, weil z. B. die Tätigkeit der Nahrungssammlung von einigen eingestellt werden würde, was wiederum zu einem geringeren Nahrungsertrag führen würde, was insgesamt negativ zu bewerten wäre (Z. 46 ff.).

▶ Damit geht Singer über Benthams ‚klassische Bilanzierung' von Lust und Unlust hinaus: Singer fordert ‚beste Konsequenzen' für die Betroffenen im Sinne der Betroffenen/in ihrem Interesse (Z. 53 ff.) (= Präferenz-Utilitarismus).

Der **Arbeitsauftrag 3** (Seite 13) bezieht sich zunächst primär auf das von Singer entfaltete Beispiel des Teilens von Früchten.
Wie bei allen Fremdbewertungen von Glück/Leid oder auch bei Singer von Interessen unterliegt der Bewertende der Gefahr, paternalistisch zu agieren, d. h. über das Befinden der Betroffenen hinweg aus dem eigenen Blickwinkel heraus die Wünsche und Bedürfnisse der Betroffenen zu überformen oder zu übergehen.
Was letztlich Interessen der Betroffenen sind, lässt sich von außen nur schwerlich feststellen und differiert in Einzelfällen. Lässt sich dies im Fruchtbeispiel u. U. noch gut verallgemeinern, wird es in medizin-/bioethischen Fragestellungen sehr problematisch, wie Singers Ausführungen an vielen Stellen zeigen.
Dazu ließe sich an M 6 bis M 9 auf den Seiten 14 f. anschließen, ebenfalls ließe sich M 3 auf Seite 72 als Ausblick anschließen.

M 3 stellt in knapper Form lexikonartig Vertreter und Positionen des Utilitarismus (hedonistisches Prinzip, Sozialprinzip) vor und grenzt diese von der deontologischen und gesinnungsethischen Position ab.

Die wichtigsten Aspekte aus M 3

- Frey reißt die verheerenden Folgen partikularer utilitaristischer Ansätze z. B. im Kommunismus oder im Faschismus an *(im Unterricht sollten die knappen Ausführungen Freys jedoch mit dem Vorwissen der S verknüpft werden)*.
- Frey problematisiert, dass der Utilitarismus grundsätzlich von einem rationalen Optimismus/einer altruistischen Bereitschaft der Menschen ausgehe und in der Verleugnung des Bösen/des Spielers geradezu naiv erscheine.
- Gerade der Altruismus bedürfe jedoch einer ethischen Begründung und sei nicht als gegeben anzunehmen.

Der **Arbeitsauftrag 4** (Seite 13) ergänzt die unterschiedlichen utilitaristischen Ansätze in Grafik M 3 auf Seite 5.

In M 4 begegnen die S einer beliebten Kolumne im SZ-Magazin, in der Rainer Erlinger unter dem Titel „Die Gewissensfrage" wöchentlich Alltagskonflikte moralisch beleuchtet.
Arbeitsauftrag 5 (Seite 13) greift in einer Stellungnahme im Rahmen der Kolumne auf die erarbeiteten Kenntnisse zum Utilitarismus zurück und wendet sie ihm Rahmen der ‚Ethischen Urteilsfindung' (Tödt) konkret an.

Die wichtigsten Aspekte aus M 4

Zur Bewertung im klassisch-utilitaristischen Sinne wäre eine Bilanzierung von Glück und Leid relevant, auf die Erlinger in seinem Ausschnitt bereits Bezug nimmt:
- Während sich eine einzelne Person über die Weitergabe der Nummer freuen würde, wären u. U. mehrere Personen ärgerlich, weil sie nicht die Nummer erhalten hätten; demgegenüber würde mit der Weitergabe der Nummer keine Verzögerung eintreten.
- Würde die Nummer verfallen, würde sich vermutlich niemand direkt ärgern, allerdings würden sich sicherlich viele ärgern, wenn die Nummer aufgerufen würde und für zusätzliche Wartezeit sorgen würde, bis von den Finanzbeamten bemerkt würde, dass der Betreffende nicht mehr an den Schalter käme.
- Unter Umständen wäre eine Weitergabe an eine besonders bedürftige Person (wie es die Zeichnung nahelegt, bspw. die überforderte Mutter) die beste Lösung, da die Interessen aller Betroffenen (im Sinne Singers) am ehesten gefördert werden, wenn alle Wartenden nicht länger das Weinen/Quengeln der Kinder auf sich nehmen würden (allerdings würde man den Kindern damit die Möglichkeit nehmen, Warten zu lernen, was sich in der nächsten Wartesituation erneut negativ auswirken könnte).

Die Original-Antwort Rainer Erlingers aus dem SZ-Magazin 31/2011 kann unter *www.sz-magazin.sueddeutsche.de/texte/anzeigen/36073* abgerufen werden.

In M 5 wird der letzte Knotenpunkt der Grafik M 3 von Seite 5 erläutert.

Die wichtigsten Aspekte aus M 5

- Da sich bei den drängenden Fragen der Gegenwart oft nicht um Fragen handelt, die der Einzelne mit seinem Handeln direkt beeinflussen kann, muss sich auch die Ethik diesem beugen.
- Vielmehr betreffen in unseren Wirtschaftssystemen viele Fragen eher die Gesellschaft (und wie diese zusammengehalten werden kann).
- Praktische Philosophie und Ethik haben daher ihre Schwerpunkte heute auf dem Gebiet der Sozialethik.

Zur Problematisierung utilitaristischer Ansätze zeigen M 6 und M 7 anhand des bekannten Trolley-Problems der englischen Moralphilosophin Philippa Foot eine zwar konstruierte, wenngleich nicht weniger eindrucksvolle Dilemma-Situation.

Die wichtigsten Aspekte aus M 6

- Einem Straßenbahnwagen versagen auf abschüssiger Strecke die Bremsen.
- Der fiktive Straßenbahnfahrer Edward hat vor sich auf der abschüssigen Gleisstrecke fünf Fußgänger, die er wegen der nicht funktionierenden Bremsen in den Tod reißen würde.
- Es zweigt jedoch kurz vor den Passanten ein weiteres Gleis nach links ab, auf das er lenken könnte, leider steht dort auch ein Fußgänger.

Sicherlich werden die S einwenden, es sei nicht einzusehen, warum die Personen auf dem Gleis sich nicht rechtzeitig in Sicherheit bringen könnten, das Szenario sei doch unrealistisch. Denkbar wäre jedoch, das Szenario dahingehend zu konkretisieren, dass z. B. ein Terrorist fünf Geiseln auf den Bahngleisen festgebunden hat und nun aus sicherer Entfernung das Geschehen beobachtet.

Arbeitsauftrag 1 (Seite 15) fordert die Diskussion darüber, wie sich Edward verhalten sollte. Dabei wird ausdrücklich auf die Kenntnisse zu bisher besprochenen ethischen Theorien rekurriert:

Verantwortungsethik (A. Schweitzer):

- Edward ist sich bewusst, dass – egal, wie er sich verhält – sein Handeln persönliche Schuld nach sich zieht.
- Er kann sich für beides entscheiden (lenkt er nicht auf das linke Gleis um, hat er wenigstens nicht aktiv den Tod der Einzelperson herbeigeführt).
- Edward wird sich in der Folge bemühen, von seiner Schuld so viel wie möglich abzutragen, indem er sich etwa um die Familien der Opfer besonders bemüht o. Ä.

Gesinnungsethik (I. Kant)

- Edward weiß, dass er keinen Menschen töten soll; sein aktives Handeln (auf das linke Gleis lenken) würde den Tod der Einzelperson direkt herbeiführen.
- Weil Edward den Tod eines Menschen nicht direkt herbeiführen darf (5. Gebot/Strafgesetzbuch etc.), entscheidet er sich dafür, nicht in das Schicksal einzugreifen, und wird vermutlich in die Gruppe der Passanten fahren.

Utilitarismus (Bentham, Singer)

- Edward bilanziert Glück und Leid bzw. die Interessen/Präferenzen der Menschen gegeneinander und kommt zu dem Schluss, dass das Leid bei fünf getöteten Passanten, deren Familien und Freunden vermutlich höher zu gewichten ist als das Leid, das er durch den Tod der Einzelperson verursachen würde.
- Edward wird also nach utilitaristischem Abwägen den Wagen auf das linke Gleis umlenken und die schlechte Nebenwirkung in Kauf nehmen, um den größeren Schaden abzuwenden.
- Man kann in diesem Fall gegen die Gesinnungsethik argumentieren, dass das Tötungsverbot hier nicht gilt, da man die Einzelperson nicht absichtlich tötet, sondern eine Gefahr, die nicht von einem selbst verursacht wurde, von einer großen Menschenmenge (fünf Personen) auf eine kleinere (eine Person) umlenkt und dadurch ein größeres Unheil verhindert. Diese Situation wäre mit einer Naturkatastrophe vergleichbar, bei der der Verlust von Menschenleben nicht vermeidbar ist und es lediglich darum geht, so viele Menschen wie möglich zu retten.

In **Arbeitsauftrag 2** (Seite 15) sollen die S M 6 und M 7 hinsichtlich aktiven Eingreifens miteinander vergleichen.

Die wichtigsten Aspekte aus M 7

- George (unbeteiligter Dritter) steht auf der Brücke über den Gleisen und sieht eine führerlose Straßenbahn, die sich einem ähnlichen Szenario wie in M 6 geschildert nähert.
- Auf dem Gleis hinter der Brücke befinden sich wieder fünf Personen, die von der Straßenbahn erfasst werden, wenn diese nicht gestoppt werden kann.
- Ein schwerer Gegenstand könnte die Bahn stoppen.
- Leider gibt es keine schweren Gegenstände in unmittelbarer Reichweite.
- Es befindet sich aber ein dicker Mann neben George auf der Brücke, der sich leider nicht freiwillig und selbstlos zur Verfügung stellen möchte.
- Sollte George den Tod des dicken Mannes zur Rettung der fünf weiteren Personen einsetzen?

Bzgl. des aktiven Handelns lässt sich festhalten:

- Vermutlich haben die meisten S sich in M 6 für das aktive Handeln von Edward (und den Tod der Einzelperson zur Rettung der fünf anderen ausgesprochen); 94 % der Menschen würden sich für diese Handlungsoption entscheiden, auch wenn sie diese gefühlsmäßige Entscheidung nicht rational begründen können.
- Vermutlich werden sich die meisten S (wie 88 % der Befragten) gegen die absichtliche Tötung des dicken Mannes aussprechen, welche besonders niederträchtig wäre, weil der dicke Mann gewaltsam in das Szenario hineingezogen würde. Damit wäre der Tod des dicken Mannes kein Unfall oder Naturereignis (vgl. Ausführungen zu M 6), sondern der Tod würde vorsätzlich herbeigeführt, der dicke Mann folglich gleichsam geopfert. (Utilitaristisch argumentiert müsste man auch im zweiten Fall den Tod eines Menschen in Kauf nehmen, um eine größere Zahl von Menschen zu retten.)

Ein interessantes Gedankenexperiment besteht darin, den dicken Mann aus dem Dilemma durch einen Gewaltverbrecher, einen Terroristen, eine Schwangere, ein Kind oder einen Todkranken zu ersetzen und die S abwägen zu lassen, ob ihre Entscheidung in einem dieser Fälle abweichen würde. Dies kann zugleich auch als Überleitung zum **Arbeitsauftrag 3** (Seite 15) gelten, in dem die S das Dilemma in M 7 in Bezug zu den Aussagen der Ebenbildlichkeit des Menschen (vgl. Seite 18/19) setzen sollen.

Dazu bietet sich an, zuvor die biblischen Grundlagen auf Seite 16–19 zu den Schöpfungserzählungen zu bearbeiten und auch die entsprechenden ausführlichen Hinweise im dortigen Kapitel nachzuschlagen.

Nach den Aussagen der Schöpfungserzählungen:
- sind alle Menschen aufgrund ihrer mythologischen Abstammung von Adam und Eva gleich vor Gott (Egalisierung und Demokratisierung),
- ist die Ebenbildlichkeit ein nicht absprechbarer Titel, der die Menschen vor Instrumentalisierung oder gewaltsamer Fremdeinwirkung schützen soll:
  - die Ebenbildlichkeit besteht trotz eigenen Fehlverhaltens des Menschen (vgl. Kain und Abel/Kainsmal) weiter,
  - auch Behinderung/Beeinträchtigung/Andersartigkeit gelten als von Gott akzeptiert und gewollt (Auslegung der Ebenbildlichkeit als Gestaltanalogie) und beeinträchtigen nicht den Egalitätsanspruch, der sich aus der Ebenbildlichkeit ergibt.

In M 8 wird ein Dilemma des englischen Bioethikers John Harris wiedergegeben, das im Kern ähnlich wie M 7 zu bewerten ist.

*Dieses Dilemma kann auch erst (wie auch das nachfolgende Material M 9 und der **Arbeitsauftrag 5**) zu einem späteren Zeitpunkt nach Behandlung der Hintergründe zur Organspende in Kapitel 4.2 behandelt werden.*

*Gekürzt ließe sich das Material M 9 auch **als Klausur** verwenden, bspw. ließe sich nach Z. 36 eine sinnvolle Zäsur vornehmen, Voraussetzung wäre jedoch die Bearbeitung der biblischen Grundlagen in Kapitel 3.*

Die wichtigsten Aspekte aus M 8

- Es ist ethisch verwerflich, einen Menschen zu töten und ihn damit zu instrumentalisieren zum Zweck der Lebensrettung anderer Menschen.
- Es wäre zu überlegen, ob die in M 7 angesprochenen Alternativen (Gewaltverbrecher, Terrorist, Schwangere, Kind, Todkranker) ethisch einen Unterschied machen würden.
  - Vermutlich überlegen einige S, ob der Todkranke nicht am ehesten ‚geopfert' werden könnte.
  - Hier wäre deutlich auf die Ebenbildlichkeit zu verweisen, ebenso auf das 5. Gebot.
  - Ebenso könnte auf Kants Kategorischen Imperativ hingewiesen werden.

M 9 setzt den Vortrag von Thomas Zoglauer fort und stellt das Gedankenexperiment der ‚survival lottery' von John Harris und die Gründe, die gegen eine solche – aus utilitaristischer Sicht nicht verwerfliche Handlungsoption – ausführlich dar.

Die wichtigsten Aspekte aus M 9

- Grundvoraussetzung:
  - In einer fiktiven utilitaristischen Gesellschaft ist das Recht auf Leben und körperliche Unversehrtheit kein absolutes Recht, sondern wird durch utilitaristische Nützlichkeitserwägungen eingeschränkt (Z. 3 ff.).
  - Oberstes Prinzip der utilitaristischen Gesellschaft im Gedankenexperiment ist, dass eine größtmögliche Zahl von Menschen ein möglichst langes Leben führt (Z. 7 ff.).
- ‚Survival lottery':
  - Um das Ziel der utilitaristischen Gesellschaft zu ermöglichen, wird die Organspende zur moralischen Pflicht, gerechterweise wird durch eine Lotterie/per Los bestimmt, wer sein Leben zur Rettung mehrerer Bedürftiger hingeben soll/darf (Z. 8 ff.).
  - Streng utilitaristisch wird darauf geachtet, dass auf einen Spender mehrere Bedürftige kommen; statistisch gesehen ist die utilitaristische Bilanz positiv, auch für den Einzelnen steigt statistisch gesehen die Lebenserwartung (Z. 15 ff.).
- Gründe gegen eine solche ‚survival lottery':
  - Tötungsakte wären moralisch verwerflich, weil elementare Menschenrechte (körperliche Unversehrtheit, Selbstbestimmung, Recht auf Leben) missachtet würden, die vor utilitaristischen Nützlichkeitserwägungen Vorrang hätten (Z. 43 ff.).
  - Der Mensch würde – ethisch nicht zu rechtfertigen – als Tauschware instrumentalisiert und degradiert (Z. 72 ff.).
  - Organempfänger können kein Recht in Anspruch nehmen, das den Tod eines Dritten rechtfertigen würde (Z. 51 ff.).
  - Kein Nutzen kann es rechtfertigen, einen anderen Menschen zu töten (Z. 62 f.).
  - Darüber hinaus würden sich wohl wenig Menschen finden, die gerne in einer solchen Gesellschaft leben mögen, in denen die Willkür einer Lotterie über ihr Schicksal entscheidet.

Arbeitsauftrag 5 (Seite 15) ergänzt den Vortrag Zoglauers um folgende theologische Aspekte:
- Altes Testament:
  - Ebenbildlichkeit des Menschen stellt einen nicht verlierbaren Titel und Anspruch des Menschen dar,
  - Gott schützte den Brudermörder Kain vor ungerechtfertigtem menschlichen Zugriff mit dem Kainsmal,
  - Zehn Gebote, insbesondere 5. Gebot und 10. Gebot,

  - Sündenverständnis bei Jesaja: Selbstüberhebung und Hochmut gegen Gottes Ordnung.
- Neues Testament:
  - die Gleichnisse Jesu rufen zu tätiger Nächsten- sogar Feindesliebe auf (Bsp. barmherziger Samariter),
  - Jesu Botschaft vom Reich Gottes wird symbolisch in den Heilungswundern vorweggenommen,
  - Bergpredigt und Goldene Regel.

Diese exemplarischen Bezüge können durch weitere – weniger bekannte – biblische Bezüge ergänzt werden (vgl. **M 2**, Seite 50 f.).

Klausurvorschlag aus **M 9***, gekürzt auf Z. 3–36.*
Achtung: In Z. 3 und Z. 19 müsste das Worte [utilitaristisch/e] entfernt werden, da sonst Aufgabe 2 nicht erarbeitet werden kann.

Aufgaben für o. a. Klausurvorschlag:
1. Geben Sie das Gedankenexperiment der ‚survival lottery' des englischen Bioethikers John Harris mit eigenen Worten wieder.
2. Arbeiten Sie heraus, welcher ethischen Position John Harris' Gedankenexperiment zuzuordnen wäre. Denken Sie an angemessene Textbelege.

Gestalten Sie eine Stellungnahme aus der Sicht eines christlichen Ethikers zu Harris' ‚survival lottery'. Berücksichtigen Sie dabei, dass Sie Ihre christliche Position durch zahlreiche biblische Belege stützen.

3 Biblische Grundlagen

3.1 Die Schöpfungserzählungen

Die Schöpfungserzählungen in M 1 stellen mit ihren anthropologischen Aussagen wichtige ethische Grundlagen dar.

- In Gen 1,1–2,25 wird die Schöpfung doppelt überliefert, jedoch ist für die meisten S diese Tatsache nur schwer erkennbar, weil sie ausgehend von ihren Leseerfahrungen eine chronologisch gegliederte Erzählung erwarten.
- Ebenfalls schwierig erscheint manchen S die Vorstellung, dass in der Heiligen Schrift Dopplungen etc. vorhanden sind, die auf redaktionelle Tätigkeit zurückzuführen sind.

In **Arbeitsauftrag 1** (Seite 17) sollen die S daher M 1 gründlich lesen und nach sprachlichen und inhaltlichen Aspekten gliedern. Dabei sollten ihnen die nachfolgenden wichtigsten Aspekte aus M 1 auffallen, die inhaltlich und auch sprachlich einander gegenübergestellt werden können.

Die wichtigsten Aspekte aus M 1

- Gen 1,1–2,4a = sog. Priesterschrift,
- deutliche Gliederung in Gen 1,1–2,4a nach Schöpfungstagen (1.–7. Tag),
- erste Erzählung wirkt durch die starken Parallelen in Wortlaut und Syntax („und Gott sah, dass […] gut war") eher wie ein Lobeshymnus/Lobespsalm als wie Erzählprosa,
- Gott schafft durch sein Wort („und Gott sprach: […]"),
- inhaltlich verarbeitet die Schöpfungserzählung in Gen 1,1ff. naturkundliches Wissen seiner Zeit, v.a. das babylonische Weltbild („eine Feste zwischen den Wassern"), wobei dieses auch entsprechend modifiziert wird (z.B. in Abgrenzung vom babylonischen Glauben werden die Gestirne nicht als Götter gesehen),
- Ebenbildlichkeit des Menschen: Egalisierung aller Menschen, da mythologisch alle von Adam und Eva abstammen,
- Schöpfungsauftrag: Mensch als ‚Krone der Schöpfung' (wird als letztes Geschöpf geschaffen) soll verantwortlich über alles herrschen.

- Ab Gen 2,4b = ältere Erzählschicht, sog. Jahwist,
- eher anthropozentrische Erzählweise (behandelt v.a. die Fragen, die das Zusammenleben der Menschen untereinander betreffen, wie z.B.: Warum wird der Mensch nach dem Tod wieder zu Erde? Warum sind Menschen in Männer und Frauen unterschieden und fühlen sich zueinander hingezogen? etc.),
- Gott (in der Eigenart des Jahwisten in den Kapitälchen HERR gesetzt; hebr. JHW) schafft durch seine Tat (‚modelliert' den Menschen aus Lehm, bläst ihm den göttlichen Atem ein, pflanzt ihm einen Garten etc.),
- die Besonderheit des Menschen wird dadurch deutlich, dass er als erstes Wesen geschaffen wird, außerdem, dass er über die Namen der Tiere bestimmen darf, und dass er den doppelten Auftrag erhält, die Schöpfung Gottes zu bebauen und zu bewahren (Gen 2,15),
- im Gegensatz zur ersten Schöpfungserzählung werden die Menschen nicht zeitgleich geschaffen, erst spät wird der Mensch (hebr. ‚adam') in Mann und Frau getrennt.

Daran schließt sich direkt der **Arbeitsauftrag 2** (Seite 17) an, der Begründungen für eine nicht chronologisch zu verstehende Lesart einfordert.
Gemäß dem kooperativen Lernansatz kann der **Arbeitsauftrag 1** in Einzelarbeit gestellt werden, während nach der Pair-Phase in Partnerarbeit (Austausch über Arbeitsauftrag 1) im Anschluss **Arbeitsauftrag 2** im Plenum gestellt und gesichert wird. (Vgl. dazu die wichtigsten Aspekte aus M 1.)

In **Arbeitsauftrag 3** (Seite 17) kann das Verständnis für die doppelte Schöpfungserzählung durch Kenntnis des babylonischen Exils vertieft werden.
(597 v. Chr.: Eroberung Jerusalems und Judas durch den Babylonier Nebukadnezar mit anschließender Deportation der jüdischen Oberschicht, v.a. der Priesterschicht, ins Exil nach Babylon, vermutlich bis ca. 539 v. Chr., als der Perserkönig Kyros das babylonische Reich erobert hatte und den Juden die Rückkehr erlaubte.)
Während des babylonischen Exils assimilierten sich die Deportierten schnell und konnten sogar im babylonischen Beamtenapparat Karriere machen, zudem kamen sie in Berührung mit den babylonischen Kenntnissen in Naturwissenschaft, was sich in der 1. Schöpfungserzählung niedergeschlagen hat. Um ihre religiöse Identität zu bewahren, grenzt sich diese Erzählung deutlich vom babylonischen Schöpfungsmythos ‚Enuma Elisch' ab (vgl. M 4). Theologisch war die Zeit des Exils trotz aller mit dem Exil verbundenen Härten eine fruchtbare Zeit der jüdischen Theologie.
Die jahwistische Schöpfungserzählung wurde vermutlich von einem Theologen am Hof König Salomos im 10. Jh. v. Chr. verfasst. Salomo gilt als Erbauer des ersten Tempels in Jerusalem und als friedlicher König, der für seine Weisheit bekannt war. Inhaltlich greift die zweite, ältere Schöpfungserzählung auf die karge Lebenswelt der Nomaden zurück, die erst nach Gottes Regen Lebensgrundlage sein kann. Es ist zu vermuten, dass alte nomadische Mythen mit dem Glauben an JAHWE verbunden wurden.

Arbeitsauftrag 4 (Seite 17) stellt noch einmal dezidiert die anthropologischen Aussagen beider Schöpfungserzählungen gegenüber, die den wichtigsten Aspekten aus M 1 entnommen werden.

Auffällig ist, dass trotz aller Unterschiede (Reihenfolge der Schöpfung, Gleichzeitigkeit bzw. Ungleichzeitigkeit der Schöpfung von Mann und Frau etc.) der Schöpfungsauftrag in beiden Erzählsträngen vorhanden ist. Auch wenn Gen 1,26 f. (‚dominium terrae') bis heute oft im Sinne einer egozentrischen Ethik (miss-)verstanden wurde, wird sowohl aus der Ebenbildlichkeit des Menschen als auch aus der rationalen Logik heraus klar, dass ‚Herrschaft' keine egozentrische Einbahnstraße sein kann. Gemäß dem Prinzip der Reziprozität müssen wir auch anderen einen ‚guten Herrscher' zugestehen. Der Jahwistische Schöpfungsauftrag ‚bebauen und bewahren' unterstützt diese Interpretation.

M 2 stellt der priesterschriftlichen Erzählung den babylonischen Mythos gegenüber.

Die wichtigsten Aspekte aus M 2

- Götterkampf zwischen den Göttern Apsu (Gott), Tiamat (Göttin), Ea (Sohn) und Marduk (Enkel), aus dem Marduk als Sieger hervorgeht,
- Marduk schafft aus den Trümmern des Kampfes/den Götterteilen Himmel und Erde,
- Mensch entsteht aus Götterblut, als Diener (!) der Götter.

Besonders augenfällig ist im Vergleich mit M 1:

- Die Priesterschrift geht vom Monotheismus aus (Einzigartigkeit im damaligen Kulturraum).
- Die Schöpfung vollzieht sich friedlich, auf Gottes Wort hin.
- Der Mensch erhält eine herausragende Stellung (Ebenbild, Schöpfungsauftrag) als Gottes Stellvertreter.
- Diese Stellung umfasst alle Menschen, unabhängig von ihrer sozialen Herkunft (vgl. M 3, Seite 18) und ist nicht absprechbar.
- Die priesterschriftliche Schöpfungserzählung integriert naturwissenschaftliche ‚Erkenntnisse' der damaligen Zeit und konnte als ‚moderne' Schöpfungserzählung gelten.

M 3 klärt den Unterschied zwischen Wissenschaft und Mythos und geht damit auf die Frage ein, wie die Schöpfungsmythen heute zu verstehen sind.

Die wichtigsten Aspekte aus M 3

- Mythos: Erzählung, die bestimmte weltliche Zustände mithilfe des Übernatürlichen erklärt,
- Mythen sind daher nicht wörtlich, sondern übertragen zu verstehen,
- die Menschen deuteten ihre Welt durch Mythen, weil es die Geschichtswissenschaft noch nicht gab,
- Wissenschaft allgemein geht von überprüfbaren Fakten aus, die historisch überprüft werden können: genau datierbare einmalige Ereignisse,
- Mythen erzählen Geschichten, die eine symbolische Wahrheit enthalten, die bis heute gilt.

Im Komplementärmodell M 4 wird das Verständnis von Glaube und Wissenschaft anhand von zwei möglichen Schattenbildern eines Zylinders dargestellt. Es erinnert an Platons Höhlengleichnis, nur von den Schattenbildern allein kann auf die tatsächliche geometrische Figur nicht fehlerfrei rückgeschlossen werden. Beide Schattenbilder zeigen jeweils eine andere ‚Seite'/Wahrnehmung der Wirklichkeit, abhängig von welcher Seite er beleuchtet wird.

Zur Verdeutlichung kann folgender Auftrag zu M 4 dienen: Schildern Sie einen Gegenstadn/ein Ereignis aus zwei unterschiedlichen Perspektiven, bspw.:

- eine Rose aus der Sicht eines Verliebten und einer Rose aus der Sicht eines Naturwissenschaftlers,
- die Geburt eines Kindes aus der Sicht eines Arztes oder aus der Sicht der Mutter,
- Kriegsereignisse aus der Sicht eines Flüchtlings oder aus der Sicht eines Befehlshabers einer Armee.

Arbeitsauftrag 1 (Seite 19) bezieht sich auf M 5 bis M 7, drei knappe Materialien, denen S die Hintergründe des Ebenbildlichkeitstitels entnehmen können.

M 5 zeigt eine der besterhaltenen Herrscherstatuen des ägyptischen Pharao Chephren aus dem Jahr 2500 v. Chr. Chephren ist bekannt für seine Bautätigkeiten in Gizeh (neben seinem Vater Cheops).

Die wichtigsten Aspekte aus M 5

- Auffällig ist die enge Verbindung von Pharao und Gott (dargestellt durch den Horus-Falken).
- Der Horus-Falke umschließt mit seinen Flügeln den Kopf des Pharaos, d. h.
  - Pharao steht unter dem Schutz des Horus,
  - Pharao stellt eine Manifestation des Gottes Horus auf Erden dar.
- Die Wirkung des Pharaos kann durch seine aufrechte Haltung, die königlichen Attribute des Kopftuchs und durch den zu erahnenden Thron wie folgt angegeben werden:
  - majestätisch,
  - erhaben,
  - unnahbar,
  - gottähnlich.

In den Texten M 6 und M 7 beleuchtet der Alttestamentler Schmidt die Verwendung und die biblische Bedeutung des Titels ‚Ebenbild Gottes'.

Die wichtigsten Aspekte aus M 6

- ‚Ebenbild Gottes' hat im AT nur wenige Belege und ist insgesamt nie erläutert, vor allem Letzteres legt den Schluss nahe, dass es sich um einen ‚bekannten'/geläufigen Titel im damaligen Kulturraum handelte,
- ein Beleg für diesen Titel findet sich im Neuen Reich Ägyptens, wo Pharaonen als lebendige Abbilder des Schöpfergottes galten,
- ein weiterer Beleg findet sich im mesopotamischen Raum, wo Könige auch den Titel ‚Ebenbild Marduks/Schamaschs' tragen konnten.

▶ Schlussfolgerung: Der Titel ‚Ebenbild Gottes' war ein exklusiver Herrschertitel; dass die priesterschriftliche Schöpfungserzählung ihn auf alle Menschen hin ausweitet, war im damaligen Kulturraum ein absolutes Novum!

Die wichtigsten Aspekte aus M 7

- Ebenbildlichkeit ist kein äußeres Merkmal des Menschen, sondern unabhängig von Herkunft, Geschlecht oder sozialem Rang gegeben,
- Ebenbildlichkeit ist eher eine Amtszuschreibung als eine Beschreibung seiner körperlichen Haltung: Er soll als guter Herrscher/König anstelle Gottes diesen auf der Erde würdig/gut vertreten.

Die wichtigsten Aspekte aus M 8

- Mensch lebt als Geschöpf neben den Mitgeschöpfen (Z. 5) und ist damit zur Solidarität bestimmt,
- Ebenbildlichkeit heißt, Gott entsprechen zu sollen, Partner, Echo und Ehre Gottes zu sein (Z. 11ff.) und bedeutet im Vergleich mit den anderen Geschöpfen, eine Sonderstellung einzunehmen (Z. 17),
- Schöpfungsauftrag geht mit Freiheit des Menschen einher (Z. 28f.),
- Mensch wird diesem Anspruch jedoch häufig nicht gerecht, er vergisst den transzendenten Hintergrund; vgl. Luther-Zitat (Z. 31ff.),
- Ebenbildlichkeit in der Schöpfungserzählung bedeutet Demokratisierung der Königsideologie (Z. 43ff.), damit verbietet sich gleichsam eine Vergottung der Herrscher und stärkt die Freiheit aller,
- historische Bedingtheit des ‚dominium terrae': Im 6. Jh. v. Chr. herrschte die Natur uneingeschränkt über den Menschen, diesem standen nur wenig Machtmittel zur Verfügung, eine Umweltzerstörung wie wir sie vielfach betreiben, gab es damals nicht,
- verantwortungsbewusster Schöpfungsauftrag: Macht ist an Verantwortung gebunden; dies stellt in der Gegenwart mit wachsenden technischen Mitteln eine besondere Herausforderung dar (Z. 51ff.),
- daher sei eine verantwortungsbewusste Gesellschaft jenseits der bestehenden (nationalen oder sozialen) Schranken notwendig (Z. 69ff.).

Arbeitsauftrag 2 (Seite 19) stellt die Konsequenzen aus dem Ebenbildlichkeitsbegriff auf. Darunter fallen Egalisierung aller Menschen unabhängig von Herkunft, Geschlecht und sozialer Stellung sowie ethisch die (verantwortungsbewusste) Ausübung des Herrschaftsauftrages.

Für die deportierten Juden in Babylon zeigt sich im Vergleich mit dem babylonischen Schöpfungsmythos die herausgehobene Stellung (jedes) Menschen. Gerade in Zeiten äußerer Unterdrückung stärkt das Wissen um zugesprochene Souveränität und innere Freiheit den Menschen.
Theologisch bedeutsam ist die Vorstellung eines unzweifelhaft mächtigen Gottes JAHWE, die nicht erst durch einen Kampf bewiesen werden muss.

Arbeitsauftrag 3 (Seite 19) stellt im Anschluss an M 5 bis M 7 heraus, dass es sich um einen von Gott zugesprochenen, nicht durch Sünde verwirkbaren Titel bzw. ein Amt handelt. Dieses kann der Mensch nicht durch Verfehlung verlieren und/oder es kann auch nicht durch andere Menschen abgesprochen werden. (Die auf den Sündenfall folgende Erzählung von Kain und Abel zeigt, dass sogar der Brudermörder weiterhin durch das Kainsmal unter Gottes Schutz steht und ihm sein Leben nicht vorzeitig genommen wird.)

In M 8 wird die durch die Ebenbildlichkeit erlangte Sonderstellung des Menschen in Bezug zum ethisch geforderten Handeln gesetzt.

Laut **Arbeitsauftrag 4** (Seite 19) soll Moltmanns These, die Freiheit des Menschen sei mit Verantwortung gekoppelt, erörtert werden.

- Freiheit, neue Technologien zu erforschen (Bsp. Atomenergie), zeigt, dass Verantwortung nötig ist, um dem Schöpfungsauftrag gerecht zu werden (Kann man bei friedlicher Nutzung der Atomkraft gleichzeitig die Produktion von waffenfähigem Material ausschließen? Wie sieht die Entsorgung des Atommülls aus? Was ist mit unvorhersehbaren Ereignissen wie Naturkatastrophen?).
- Wenn die Menschen das Transzendente vergessen und nur noch irdischen Verhältnissen anhängen, fallen ihre Entscheidungen vielleicht so aus, dass sie bspw. kurzfristigen finanziellen Erfolg an erste Stelle stellen und ihre Verantwortung vernachlässigen (Bsp. gebeiztes Saatgut, das für Bienensterben verantwortlich gemacht wird; Agrarspekulationen, die zu Hungersnöten führen, Käuferverhalten, das marktbestimmend wirkt), vgl. M 1, Seite 10.
- Wenn der Mensch seine Solidarität zu den Mitgeschöpfen vernachlässigt, erfüllt er im Sinne Moltmanns den Schöpfungsauftrag nicht, man erfährt im Menschen nichts von Gottes Güte (bspw. Umgang mit Tieren in der Nahrungsproduktion, Rodung der Regenwälder zugunsten billiger Soja-, Möbel-, Papierproduktion).

3.2 Der sogenannte ‚Sündenfall'

Die Erzählung vom Sündenfall M 1 schließt direkt an die Schöpfungserzählungen an und greift mythologisch Grundfragen des Menschseins auf:

- Wie kommt es, dass Menschen einen freien Willen und Erkenntnisfähigkeit haben?
- Wie gehen die Menschen mit ihren Erkenntnissen um?
- Wie kommt es, dass Mensch und Gott trotz Ebenbildlichkeit voneinander getrennt sind/nicht mehr im Paradies leben?
- Warum erleben die Menschen ihr Dasein auf Erden oft als mühsam und beschwerlich?

Die wichtigsten Aspekte aus M 1

- Gott hat den Menschen vom Baum der Erkenntnis zu essen untersagt, es wird ihnen bei Übertretung der Tod angedroht (V. 3b),
- durch die Schlange wird Gottes ‚Strafe' infrage gestellt, sie lockt mit der Erkenntnis von Gut und Böse (V. 4f.),
- die Frucht des Baums lockt begehrenswert, Adam und Eva übertreten Gottes Verbot wider besseres Wissen (V. 6),
- sie erkennen sich nach dem Genuss als nackt, Scham überkommt sie, sie verstecken sich vor Gott, der im Gartenschatten lustwandelt und den Menschen sucht (V. 7ff.),
- Gott erkennt die Übertretung des Menschen und stellt ihn zur Rede, der Mann schiebt die Verantwortung auf die Frau, diese wiederum gibt die Verantwortung an die Schlange ab (V. 11ff.),
- mythologische Erklärungen zur Beinlosigkeit der Schlange, Geburtsschmerzen der Frau und zur Mühsal des Menschen beim Leben auf der Erde (V. 14–20),
- Gott vertreibt die Menschen aus dem Paradies, er kleidet sie jedoch vorher mit Fellröcken, um sie für die Welt außerhalb zu schützen, d.h. er lässt sie die Konsequenzen ihres Handelns spüren, lässt sie jedoch nicht ungeschützt oder allein (V. 21ff.).

M 2 deutet nacherzählend „die Sache mit dem Apfel".

Die wichtigsten Aspekte aus M 2

- Schlüter stellt heraus, dass es in M 1 nicht um die Ursachenforschung (Schuldfrage) geht; wer letztlich Schuld trägt (Mann, Frau oder Schlange), interessiert nicht,
- Schuld wird als die Kehrseite des Wissens gedeutet, damit ist der heutige Mensch immer schon schuldig (im Gegensatz zu Tieren, die ihr Handeln nicht reflektieren könnten),
- diese Schuld ist auch vorhanden, wenn schlechte Handlungsfolgen nicht intendiert waren, aber dennoch eingetroffen sind (Z. 43),
- besonders problematisch sind sog. Dilemma-Situationen, die einen Güterkonflikt in sich bergen; dabei handelt es sich um die ‚großen Entscheidungen des Lebens', in denen man sich nie eindeutig gut oder richtig verhalten kann Z. 48ff.),
- die Geschichte vom Sündenfall zeigt genau dies auf: Die Menschheit ist aus dem Stadium der Unwissenheit heraus getreten und kann auch in dieses Stadium nicht mehr zurück, das Paradies ist verschlossen (Z. 58ff.).

M 3 deutet die Sündenfallgeschichte tiefenpsychologisch.

Die wichtigsten Aspekte aus M 3

- Denecke stellt das Paradies mit der ‚Infaltion', dem Stadium der Harmonie in den ersten Lebensjahren eines Kindes, gleich, wobei Gott die Elternrolle einnimmt, die unhinterfragt mit dem Attribut ‚gut/vollkommen' versehen ist,
- Pubertät/Erwachsenwerden lässt diese fraglose Einheit brüchig werden, lässt die Jugendlichen ihre Eltern hinterfragen,
- in dieser Zeit des Hinterfragens wächst psychologisch die Unsicherheit und die Angst, alles zu verlieren, die Übertretung des Gebotes erfolgt laut Denecke aus Angst, nicht aus Hochmut,
- die unhinterfragte Harmonie und Einheit lässt sich jedoch nicht wiederherstellen, daher müssen die ‚Kinder' das Elternhaus verlassen, die Eltern müssen ihre Kinder ‚loslassen' und ihren eigenen Weg finden lassen,
- Gottes Handeln (Vertreibung) sieht Denecke als einzig konsequente und gütige Lösung des Problems: Ein Weiterleben im ‚kaputten' Paradies käme einem Einsperren gleich.

Arbeitsauftrag 2 (Seite 21) lässt die Ausführungen Deneckes grafisch in einem Konspekt darstellen. Dies kann als Kreis-Bild ebenso dargestellt werden wie als Pfeildiagramm.
Da die S eigene (Pubertäts-)Erfahrungen im Text von Denecke wiederfinden, fällt ihnen die Bearbeitung von M 3 eher leicht und eröffnet den Blick für ein symbolisches/tiefenpsychologisches Verständnis biblischer Texte.

Arbeitsauftrag 3 (Seite 21) greift die Schlussfrage von Deneckes Text auf und fordert die S zu einer begründeten Stellungnahme und damit zu einer begründeten Darlegung ihres Textverständnisses auf.

Arbeitsauftrag 4 (Seite 21) greift vor und sollte erst nach Bearbeitung des Abschnittes zur Prophetie, speziell des jesajanischen Sündenverständnisses und der Auslegung John Bartons, erarbeitet werden.

Entsprechende Hinweise zur Lösung des Arbeitsauftrages sind im Jesaja-Kapitel nachzuschlagen.

3.3 Die Zehn Gebote

Vorangestellt ist dem Kapitel zum Dekalog ein kurzer Autorentext mit den wichtigsten Hinweisen zur Entstehung und Eigenart der Zehn Gebote.

M 1 zeigt die Überlieferung des Dekalogs in der Exodus-Überlieferung (sie werden auch noch in 5Mo 5,6–21 überliefert).
*Da den S meist nur ein Teil der ethischen Gebote der sog. ‚zweiten Tafel' geläufig ist, die theologischen Gebote jedoch Grundlage und Bedingung der zweiten Tafel darstellen, bietet sich an, vor der Lektüre von M 1 entweder den Text M 2 mit den **Arbeitsanregungen 1 und 3** oder vorab den **Arbeitsauftrag 2** auf Seite 23 als Umfrage innerhalb des Kurses/der Schule oder in anderen Kontexten durchführen zu lassen.*

M 2 stellt eine Malerei des 2013 verstorbenen dt. Malers und Bildhauers Ernst Alt dar.

Die wichtigsten Aspekte aus M 2

- Dargestellt ist im Vordergrund ein frommer Jude, erkennbar an der rituellen Gebetskleidung (Kippa, Gebetsschal) sowie an den Schläfenlocken und dem traditionell lang getragenen Bart,
- der fromme Jude hält mit beiden Händen eine erst halb von der Schutzhülle befreite Tora-Rolle in einer Art liebevoller Umarmung,
- das Motiv füllt fast das gesamte Bild aus, vom Hintergrund ist nur in der rechten oberen Ecke ein kleiner Teil erkennbar, allerdings sind dort nur Farbverläufe, keine Konkreta dargestellt,
- in der Farbgestaltung dominieren freundliche, warme Farben (Gelb-Orange-Töne, die von der Tora ausgehen und auch den Hintergrund erstrahlen lassen), einen Gegenpunkt zum warmen Farbton stellt lediglich der weiß-blaue Gebetsschal des Juden dar, jedoch wird auch das Weiß des Schals vom warmen Gesamt-Farbton erfasst,
- die Tora steht im Judentum als Synonym für die gesamte Hl. Schrift, aber auch insbesondere für den Dekalog,
- damit drückt sich eine besondere Wertschätzung für das Gotteswort, insbesondere die Gebote aus, diese werden gehalten wie ein besonders wertvolles Geschenk oder eine schützenswerte Person.

M 3 stellt den Umgang mit den Zehn Geboten in der säkularisierten Welt in geradezu grotesker Weise dar.

Die wichtigsten Aspekte aus M 3

(entspricht dem **Arbeitsauftrag 1** auf Seite 23)

- Häufig wird von Zehn Geboten auch in säkularisiertem Kontext gesprochen (hier: Hörzu-Titel: „10 Gebote für Ihre Fitness"),
- Gronemeyer spricht aus, was vermutlich viele Menschen angesichts der Zehn Gebote empfinden:
  - er fragt, ob die Zehn Gebote nicht „dem modernen flexiblen Subjekt unangemessen seien" (Z. 29 ff.),
  - er fragt, ob der Eindruck einer antiquierten Fußfessel/einem „Modernisierungshindernis" (Z. 43) nicht doch zutreffend sei, da die Gebote in unserer Zeit keine Relevanz mehr hätten,
  - Gronemeyer spitzt die Frage nach der Relevanz dahingehend zu, dass die Zehn Gebote unserer Wirklichkeit kaum oder nur noch als ‚Leerformeln' existieren (Z. 70 ff.),
  - selbst das unbestrittene Tötungsverbot sei angesichts der Bestimmung des Todeszeitpunkts/der Hirntoddiskussion (vgl. Kap. 4) inzwischen fragwürdig (Z. 58 ff.),
  - eventuell sei unsere Welt inzwischen (im Gegensatz zur nomadischen des AT) zu komplex und unüberschaubar geworden, um sich mit Zehn Geboten fassen zu lassen (Z. 55 ff., Z. 63 ff.).
- Gegen die kritischen Anfragen an die Zeitgemäßheit der Zehn Gebote stellt Gronemeyer ein Hitler-Zitat, in dem dieser dem Dekalog seine Gültigkeit abgesprochen hatte (Z. 77 ff.),
- nach Gronemeyer stellt der Dekalog jedoch keine Gesellschaftsordnung dar, sondern markiert Grenzpfähle zwischen Kultur und Barbarei, folglich formuliert der Dekalog Bedingungen, unter denen „Kultur erst möglich wird" (Z. 90 ff.).

Arbeitsauftrag 2 (Seite 23) kann als Überprüfung der Repräsentativität der eigenen Kenntnisse/der Kenntnisse im Kurs im Vergleich mit einer statistischen Gruppe von Befragten in der Schule/in Parallelkursen/in der Familie, in der Bevölkerung etc. durchgeführt werden.
Nach Überprüfung des eigenen Kenntnisstandes könnten für eine größer angelegte Befragung z. B. die Veränderung der Kenntnisse im Verlauf der Sozialisation (durch Kommunions-/Konfirmationsunterricht, Schulunterricht, andere Einflüsse) oder die Beurteilung der Bedeutung für das eigene Leben etc. untersucht werden. Es bietet sich dabei an, die Ergebnisse des Kurses als Arbeitshypothese zugrunde zu legen bzw. überprüfen zu lassen, ob diese als repräsentativ gelten können.
Zu erwarten ist, dass die ethischen Gebote der zweiten Tafel eher besser reproduziert werden können als die der ersten Tafel (mögliche Ursache: Säkularisierung; Übernahme in Gesetze, Menschenrechte etc.). Damit wäre ein möglicher Fokus bereits auf die ‚dunklen Erinnerungen/Leerformeln' v. a. der ersten Tafel gelegt **(Arbeitsauftrag 3)**.

In **Arbeitsauftrag 4** (Seite 23) sollen die S das Bild ‚Toraliebe' M 2 von Ernst Alt mit M 3 vergleichen.
Vgl. dazu auch die Ausführungen unter M 2.
Im Vergleich zum Bild fällt auf, dass

- wir mit der Hl. Schrift eher weniger sorgsam/liebevoll umgehen,
- insbesondere die Zehn Gebote uns evtl. antiquiert vorkommen (vgl. M 3),
- wir die Gebote eher als Einschränkung empfinden,
- eine innige Bindung an Gottes Wort in unserer Gesellschaft eher eine Ausnahme darstellt,
- im (inter-)religiösen Dialog auf die Bedeutung der Zehn Gebote/die damit verbundenen Empfindungen besondere Rücksicht zu nehmen ist.

M 4 greift in einem modernen Katechismus meditativ und dennoch erläuternd die Zehn Gebote im Einzelnen auf.

Die wichtigsten Aspekte aus M 4

(1) Gott, den wir verehren, führt in die Freiheit, dies unterscheidet ihn von den anderen Göttern, die daher geleugnet werden, was eine Radikalisierung darstellt.
(2) Gott ist unverfügbar, anders, er kann nicht in Bildern adäquat wiedergegeben werden, in radikalisierter Form werden Bilder generell abgelehnt.
(3) Gottes Name soll ein Segen sein und nicht für Schlechtes (Flüche, Schwur) missbraucht werden.
(4) Aus der Erfahrung der Sklaverei heraus gilt die Freiheit von Arbeit als besonderes Zeichen der Würde und des Wertes, den ein Geschöpf hat; in universalisierter Form soll ein Tag in der Woche Mensch und Tier als absoluter Ruhetag zugestanden werden.
(5) Das Gebot, die Eltern zu ehren, bedeutet einerseits gegenseitige soziale Absicherung durch Fürsorge, andererseits die Kontinuität auch religiöser Gebote und Traditionen, weil diese von Eltern zu Kindern weitertradiert werden.
(6) Tötungsverbot (gilt übrigens nicht im Kampf) soll unschuldiges Leben vor dem Zugriff Dritter schützen.
(7) Ehebruchsverbot: Schützt das Vertrauen der Ehepartner und die Rechtmäßigkeit der Familie, wenn sichergestellt ist, dass keine ‚fremden' Kinder aufgezogen werden.
(8) Diebstahlsverbot bezieht sich sowohl auf bewegliche Güter als auch auf die Freiheit der Menschen.
(9) Falsches Zeugnis: Geschützt wurde ursprünglich die Zeugenaussage vor Gericht, die ggf. auch zur Todesstrafe führen konnte; verallgemeinert schützt das Gebot auch gegen Rufschädigung durch üble Nachrede.
(10) Gebot gegen das Begehren: Der Mensch soll sich beherrschen, gegen seine Triebe des Begehrens angehen, der Besitz freier Menschen soll geschützt werden.

- ♣ Die direkte Übergabe der Gebote durch Gott an Mose symbolisiert, dass unabhängig von menschlichen Traditionen alle Menschen die sozialen Gebote als Naturrecht anerkennen,
- ♣ Kategorischer Imperativ als „Echo der Stimme vom Sinai" (Z. 150),
- ♣ Menschen als „Freigelassene der Schöpfung" (Z. 156) mit der Verpflichtung, diese Freiheit bei sich und anderen zu bewahren,
- ♣ diese Aufgabe ist allen Menschen als Siegel ihrer Ebenbildlichkeit aufgetragen (Z. 160 ff.).

M 5 greift den Schlussgedanken Theißens („Bewahrung der Freiheit") aus M 4 erneut auf und zieht eine Parallele zum Gedanken der Zehn Gebote als „Grenzpfähle" in M 3.

Die wichtigsten Aspekte aus M 5

- ♣ Der Dekalog benennt die Bedingungen für die Bewahrung der Freiheit, die dem israelitischen Vollbürger von Jahwe gewährt wird (Z. 1 ff.),
- ♣ ursprünglich handelt es sich beim Dekalog jedoch um ein zeitgebundenes Ethos mit elementaren Forderungen für eine bestimmte Bevölkerungsschicht, die jedoch Arme und Reiche nicht umfasst und somit keine Standesethik darstellt (Z. 8 ff.; Z. 20 ff.),
- ♣ Ziel der Gebote ist es, alles abzuwenden, was die eigene Freiheit schädigt (z. B. durch Verletzung der Gottesbeziehung oder durch Schädigung der Freiheit des Nächsten); der Dekalog greift damit in einen bestehenden sozialen Kampf ein (Z. 11 ff.; Z. 24 ff.).

*Die **Arbeitsaufträge auf Seite 25** sind nicht chronologisch zu bearbeiten, sondern sollten mit Blick auf die in den Vorsemestern bearbeiteten Inhalte selektiert werden.*

In **Arbeitsauftrag 1** (Seite 25) können die S die Materialien zum Dekalog bündeln und unter Einbezug aktueller Bezüge bzw. Erfahrungen aus der eigenen Lebenswelt eine begründete Stellungnahme abgeben. Sollten die S vordergründig v. a. Bezug auf M 3 nehmen, ist darauf hinzuweisen, dass die Aufgabe explizit einen Rückbezug auf M 5 nimmt und damit aus der Situation der Entstehungszeit des Dekalogs eine Aktualisierung fordert. Im Sinne der Aufgabe wäre zu reflektieren, inwieweit der Anspruch des Eingriffs in einen sozialen Kampf heute überhaupt noch wahrgenommen wird.

Arbeitsauftrag 2 (Seite 25) fordert dazu auf, den Dekalog als allgemeines Menschheitsethos zu durchdenken. Hier könnten interreligiöse Aspekte – sofern in den Vorsemestern behandelt – zur Sprache kommen. Interessant wäre auch die Arbeit zu Hans Küngs religionsverbindender Vorstellung eines Weltethos.

Arbeitsauftrag 3 (Seite 25) vertieft und sichert die Kenntnisse zu den Einzelgeboten und greift zugleich kreative Textbearbeitungsmethoden auf. Da den S das Format des „Wort zum Sonntag" nicht geläufig sein dürfte, bieten sich ergänzende Erklärungen an.

*Erläuterung zu **Arbeitsauftrag 3**, Seite 25:*
Wort zum Sonntag: Eine zum Nachdenken anregende fünfminütige Fernsehsendung der ARD, in der sich am Samstagabend evangelische und katholische Theologen zu aktuellen christlichen und theologischen Fragen äußern.

3.4 Prophetische Kritik

Dieses Kapitel ist als eine Ergänzung zu biblischen Texten, die vermutlich ‚geläufiger' sind und u. U. bereits in den Vorsemestern erarbeitet wurden, gedacht.

Dem Kapitel zur Prophetie ist ein langer Autorentext vorangestellt, der mögliche Kenntnisse aus der Mittelstufe noch einmal in gebündelter Weise darbietet.
Sollte das Thema ‚Prophetische Kritik', das v. a. mit Blick auf ‚Aufgaben der Kirche/der Christen' und als Ergänzung eines biblischen Verständnisses von ‚Sünde' (Kap. Jesaja) sinnvoll genutzt werden kann, im Unterricht integriert werden, ist eine Erarbeitung grundlegender Kenntnisse, wie sie der Autorentext und/oder M 1 liefert, sinnvoll.

M 1 zeigt die wichtigsten Aspekte eines Propheten, die methodisch entweder mithilfe einer klassischen Bildbetrachtung oder über den **Arbeitsauftrag 1** (Seite 27) erarbeitet werden können.

Die wichtigsten Aspekte aus M 1

- Die weißgekleidete Gestalt (Prophet) in der Bildmitte ist herausgehoben aus der Masse der Menschen,
- der rechte Arm des Propheten ist gen Himmel gestreckt, von dort beleuchtet ihn ein Lichtstrahl (Gottes Botschaft), was ihn quasi ‚ins Rampenlicht' stellt; allerdings gibt er mit dem ausgestreckten linken Arm Gottes Botschaft weiter zu den Menschen, dafür spricht auch die den Menschen zugwandte Körperhaltung und der geöffnete Mund,
- viele Menschen umringen ihn, reagieren aber unterschiedlich auf die Botschaft (geballte Faust, Verletzungen, frommes Beten, Zuhören, aber auch Abwendung [hier ganz deutlich in Person des ‚Frommen']),
- im Hintergrund sind deutlich Ruinen, die evtl. auf Krieg und Zerstörung hindeuten, zu sehen; daraus entspringt (ebenfalls beleuchtet) eine einzelne weiße Rose (Bezug zu Jes 11,1a).

M 2 ergänzt grundlegende Kenntnisse zur biblischen Prophetie am Bsp. des Propheten Amos, dessen Sozialkritik auch heute noch aktuell zu sein scheint. Grünwaldt betont jedoch die Notwendigkeit der zeitgeschichtlichen Kenntnisse, um den Bibeltext nicht unzulässig (aus Unkenntnis) zu aktualisieren.

Die wichtigsten Aspekte aus M 2

- Amos greift Israel am Beispiel seines religiösen Grundbekenntnisses (Exodus) an und trifft Israel in seinem religiösen Selbstverständnis ‚an der Wurzel' (Z. 10 ff.),
- Amos betont (wie viele andere Propheten), dass die religiöse Sonderstellung Israels ein baldiges Ende finden werde; ein ‚Ausruhen' auf der Vorstellung, Gott sei ja da, dem Volk könne nichts passieren, sei fehlgeleitet und werde bestraft (Z. 20 ff.),
- Amos greift damit die fehlende Solidarität innerhalb Israels und zu Gott an, die sich im Laufe der Sesshaftwerdung und Staatenbildung verfestigt hat (Z. 33 ff.).

Die Grafik M 3 stellt in chronologischer Abfolge die Ereignisse zur Zeit der Propheten dar.

Die wichtigsten Aspekte aus M 3

- In der linken ‚Spalte' sind die Propheten mit ihren Hauptaussagen aufgeführt (Jesaja erscheint hier um 735 v. Chr., als Deuterojesaja um 570 v. Chr. und als Tritojesaja um 520 v. Chr.),
- in der mittleren Spalte sind die Jahreszahlen (v. Chr.) aufgelistet,
- die rechte Spalte stellt die außenpolitische Situation zwischen den damaligen Großmächten Ägypten, Assyrien, später Babylon und Persien dar,
- deutlich wird, dass Israel zur Zeit Jesajas außenpolitisch massiv unter Druck stand, sowohl durch Ägypten im Süden als auch durch Assyrien von der anderen Seite, was zur Annektierung von Teilen Israels, aber auch zur Unterdrückung Israels (als Vasall) führte.

Der dazugehörige **Arbeitsauftrag 1** (Seite 27) fordert in handlungsorientierter Herangehensweise dazu auf, dem Propheten in Sieger Köders Bild eine passende Rede ‚auf den Leib zu schreiben'. Sollte dieser Arbeitsauftrag gewählt werden, wäre eine vorherige Erarbeitung des Autorentextes sinnvoll.

Mögliche Themen der prophetischen Rede könnten sein:
- Kultkritik (z. B. abnehmende Zahl der Gottesdienstbesucher/Gottesdienstbesuch nur noch zu den Festtagen als leere Tradition),
- Sozialkritik (z. B. wachsende [Kinder-]Armut in Deutschland und weltweit, soziale Ungerechtigkeit im Bildungssystem, wachsender Egoismus im Kampf um Karrierechancen etc.).

Es ist darauf zu achten, dass Kennzeichen biblischer Prophetie berücksichtigt werden:
- Ereignis des Gotteswortes an den Propheten,
- Botenfomeln,
- Drohworte/Scheltworte/Mahnworte/Heilsworte.

Arbeitsauftrag 2 (Seite 27) nimmt Bezug auf den Autorentext und M 2.
- Deutlich wird, dass biblische Propheten keine ‚Auftragspropheten' waren, sie sprachen im Namen Gottes, sagten also im Gegensatz zu einem Hofpropheten nicht das, was der Herrscher wohl hören wollte.
- Sie weissagten oder prophezeiten nicht im Sinne eines Wahrsagers, sondern übten Sozial- und Kultkritik und verwendeten eigene sprachliche Formeln/Formen.
- Sie verbanden das Wort Gottes, das sie erhalten hatten, mit ihrer eigenen Gegenwartsanalyse.

Hinsichtlich des **Arbeitsauftrages 3** (Seite 27) können als Lösungshinweise die Ausführungen zu M 3 verwendet werden.

Auf den folgenden zwei Doppelseiten (Seite 28–31) werden zentrale biblische Texte eines der bedeutendsten biblischen Propheten aufgezeigt und interpretiert.
In diesem Unterkapitel bietet es sich an, die Reihenfolge zur Bearbeitung der Texte und Arbeitsaufträge einzuhalten. Allerdings wäre denkbar, den Exkurs zu Jesajas Berufung (M 8 und M 9) auch entfallen zu lassen.

Der Autorentext auf Seite 28 leitet zunächst kurz in die Lebensumstände Jesajas ein.
M 4 und M 5 bilden den Beginn des Jesaja-Buches ab: Ouvertürenartig, wie in der klassischen Musik, werden in einer Eröffnung wesentliche Elemente der Handlung bzw. des Werkes in einer Art Zusammenschau vorangestellt, das Publikum wird quasi ‚eingestimmt'.

Arbeitsauftrag 1 (Seite 29) greift die für S sicherlich ungewohnte Leseerfahrung und den oft als hermetisch empfundenen Prophetentext auf, indem persönliche Leseeindrücke zum Thema verbalisiert werden.

Auffallend in M 4 und M 5 ist der unmittelbare Einstieg bzw. die fehlende Einleitung, die dem Leser durchaus Probleme macht, den z.T. heftigen Beschimpfungen (z.B. V. 10) bzw. Drohungen (z.B. V. 20) des Propheten zu folgen. Vermutlich hätten viele S einen moderateren Beginn gewählt und würden nicht gleich ‚mit der Tür ins Haus fallen', um Zuhörer nicht zu verstören oder zu ‚verlieren'.

M 6 stellt den persönlichen Leseeindrücken vom Beginn des Jesaja-Buchs eine Interpretation gegenüber. Diese sollen in **Arbeitsauftrag 2** (Seite 29) mit den eigenen Leseerwartungen/-eindrücken verglichen werden.

Die wichtigsten Aspekte aus M 6

- Beuken begreift den Beginn als Ouvertüre mit großem Spannungsbogen, der sich im gesamten Werk Jesajas wiederfindet, aber auch en miniature im ersten Kapitel zu sehen ist,
- Jerusalem steht im Zentrum des Fokus: Die noch sündige Stadt soll sich zu einem friedlichen Ort verändern; sie wird in diesem Prozess zunächst Unheil und später Heil erfahren,
- Jerusalem (und damit Israel) soll ‚im Lichte des Herrn', d.h. in Ausrichtung nach der Tora leben, weil Gott sie auserwählt hat,
- die ethische Ausrichtung (ein Leben nach der Tora) ist Grundlage für ein Weiterbestehen Israels, allerdings keine Vorbedingung für Jahwes Handeln, sondern eine Folge der Erwählung durch Jahwe,
- anonyme Redaktion fasst Jesajas Visionen zu einer einzigen zusammen, findet einen ‚roten Faden' in seinen Prophetien, spricht über den Propheten, lässt ihn jedoch auch zu Wort kommen,
- Redaktion hat ein eigenes Publikum, das nicht zeitgebunden ist (vgl. V. 2), sondern bis in unsere Zeit ausgeweitet werden kann.

Arbeitsauftrag 3 (Seite 29) fordert eine intensivere Textarbeit und eine absatzweise Bündelung der Vorwürfe Jesajas in M 4:

Vers	Überschrift	Vorwürfe
1,1	Einleitung	keine
1,2–1,9	Untreue des Volkes; das Volk ist sündig geworden; Folgen der Sünde	• das Volk hat sich von Gott und seinen Gesetzen abgewendet • das Volk ist uneinsichtig • das Volk ist sündig geworden und durch und durch schlecht • es zeigen sich überall Folgen der Zerstörungen • auch Jerusalem ist bereits betroffen
1,10–1,17	Persiflage einer Tora, die nur für Priester gilt	• das Volk hat den Gottesdienst falsch verstanden, bringt sinnlose Opfergaben • angesichts der Schuld, die das Volk auf sich geladen hat, erscheint jede Kultfeier als Frevel • primär wäre ethisch statthaftes Verhalten gefordert
1,18–1,20	Rechtsstreit Gottes mit seinem Volk	• Gott bietet seinem Volk Vergebung an • droht aber mit Strafe, wenn es sich weigert, zu hören
1,21–1,31	Gericht über Jerusalem	• Kritik an den aktuellen Zuständen in Jerusalem (Bestechlichkeit der Oberen, Abkehr von der Weisung Gottes) • Gott droht bildhaft Strafen an

Auffallend ist, dass die Vorwürfe sehr allgemein gehalten sind.

Arbeitsauftrag 4 (Seite 29) präzisiert und vertieft die unspezifischen Vorwürfe, die Jesaja an sein Publikum richtet, sofern dies möglich ist.

V.	Es nützt nichts, dass ihr ... Es ist Unrecht, dass ihr ...	Ich erwarte, dass ihr ...
V. 2–4	• euch von Gott abwendet • uneinsichtig seid	• euch Gottes Gesetz wieder zuwendet (auch V. 10)
V. 11ff.	• in sündigem Zustand in den Tempel geht • dort Opfergaben bringt • betet • kultische Feste feiert	• aufhört, Böses zu tun • rein werdet
V. 23	• falschen ethischen Idealen nacheifert (Egozentrik, Plesiozentrik, vgl. M 6, Seite 6)	• euch für die Schwachen einsetzt/denjenigen Recht verschafft, die dazu selber nicht in der Lage sind • Vorbilder seid (Jerusalem als leuchtendes Vorbild/ein Zentrum der Gerechtigkeit)

Im Vergleich mit Sodom und Gomorrha (Gen 18ff.) spielt Jesaja auf die alttestamentliche Erzählung an, in der die beiden Städte und deren Bewohner, die der Sünde anheimgefallen waren, vollständig durch Gottes Einwirken zerstört wurden. Lediglich wenige Gottesfürchtige (Abrahams Neffe Lot mit seinen Töchtern) werden von Gott verschont. Dieser drastische Vergleich mit einer wohlbekannten biblischen Geschichte zeigt auf, welches Schicksal Jesaja für die Einwohner Jerusalems (und Israels) voraussagt, sollten sie ihren sündigen Lebenswandel weiterführen.

M 7 deutet den Beginn des Jesaja-Buches und die Auseinandersetzungen mit den von Jesaja vorgebrachten Vorwürfen in einer grundlegenden innerlichen Haltung.

Die wichtigsten Aspekte aus M 7

- Barton stellt heraus, dass die ethischen Anklagen Jesajas letztlich auf ein im Volk herrschendes Bewusstsein der Hybris zielen.
- Die eher unspezifischen Vergehen (Jes 1,2–3), die Israel vorgeworfen werden, gründen in einer Haltung von ‚Stolz' bzw. ‚Ehrfurchtslosigkeit' (vgl. Schweitzers Ehrfurchtsbegriff in M 3 bis M 5, Seite 10f.; bzw. Luthers Begriff ‚Hochmut').

Mögliches TB / grafischer Konspekt zu John Barton: „Gottes Ordnung"

Gott als Schöpfer und Befreier gibt dem Menschen die Möglichkeit zur Freiheit; Gottes Gesetz ermöglicht den Weiterbestand der Freiheit für alle (sorgt für ethisches Handeln)

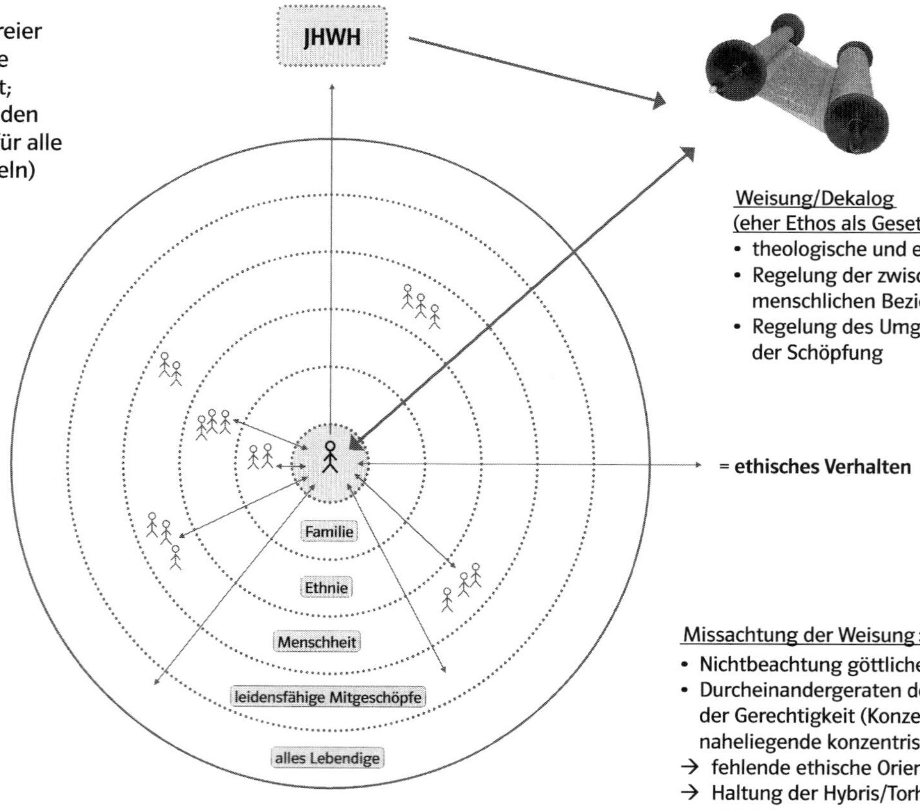

Weisung/Dekalog (eher Ethos als Gesetz):
- theologische und ethische Tafeln
- Regelung der zwischenmenschlichen Beziehungen
- Regelung des Umgangs mit der Schöpfung

Missachtung der Weisung:
- Nichtbeachtung göttlicher Ordnung
- Durcheinandergeraten der Ordnung/der Gerechtigkeit (Konzentration auf naheliegende konzentrische Kreise)

→ fehlende ethische Orientierung
→ Haltung der Hybris/Torheit/Stolz = Sünde

- Diese Haltung ist selbstverschuldet; die Wahrheit wird nicht mehr wahrgenommen.
- Barton schlussfolgert, dass die Sünden letztlich aus dieser Haltung des Stolzes folgen.

Diesem Material ist keine eigene Aufgabe zugeordnet worden, denkbar wäre jedoch eine Ergebnissicherung bzw. Überprüfung/Stellungnahme anhand der eigenen Arbeitsergebnisse zu M 4 bis M 6.

M 8 liefert den Text zur Berufung Jesajas, einem zentralen Text für das Selbstverständnis des Propheten.

Die wichtigsten Aspekte aus M 8

- Jesaja erblickt Gott in einer Thronratsvision (also einer typischen Himmelsszene, die der Vorstellung eines antiken Herrschers ähnelt), umgeben von sechs Seraphen.
- Während der Thronrat (Seraphen) Gott huldigt (V. 3), kann Jesaja in diesen Lobgesang nicht mit einstimmen, sondern er klagt dagegen mit einem doppelten Schuldeingeständnis für sich selbst und für sein Volk, was einerseits die Distanz zwischen ihm und Gottes Thronrat verdeutlicht, andererseits auch zeigt, dass er aus dem sündigen Volksganzen nicht ausgenommen ist.
- V. 6 f. zeigt nach seinem Schuldeingeständnis die Entsündigung und Einsetzung ins Prophetenamt, die mit einer Symbolhandlung (Reinigung durch glühende Kohle) vollzogen wird. Erst danach ist Jesaja befähigt und bereit, von Gott in den Dienst genommen zu werden (V. 8 f.).
- Mit der Entsündigung überwindet Jesaja die noch zu Beginn der Vision vorhandene Distanz und wechselt von der Seite des schuldigen Volkes auf die Seite Gottes.
- Auf die Berufung folgt der sog. Verstockungsauftrag (V. 10 f.).

M 9, ein Bild Sieger Köders, zeigt ebenfalls die Berufung Jesajas.

Die wichtigsten Aspekte aus M 9

- Auffallend ist die unnatürliche Haltung Jesajas, der in der Bildmitte dem Betrachter eigentlich den Rücken und seine Vorderseite einem Feuer/einer Glut zuwendet, die durch die Buchstaben JHWH als Gott gekennzeichnet ist, Jesajas rechte Handfläche ist dem Feuer zugewandt/abwehrend zugekehrt.
- Obwohl sein Körper dem Betrachter abgewendet ist, verdreht Jesaja den Kopf so weit nach hinten, dass der Betrachter sein Gesicht erkennen kann; es ist vom Feuer rötlich beleuchtet.
- Jesaja gibt mit der linken Hand nach hinten ein Blatt mit der tröstlichen Aufschrift ‚Immanuel' (= Gott mit uns) an die Hand eines verletzten Dritten weiter.
- Der Hintergrund des Bildes ist dunkel gehalten, schemenhaft ist am rechten Bildrand ein hellerer Bereich wie eine Höhlenöffnung zu erkennen, kann aber nicht eindeutig zugeordnet werden; einzige Lichtquelle ist das Feuer/JHWH.

In **Arbeitsauftrag 1** (Seite 31) sollen die S einen Vergleich zwischen dem Bild M 9 und dem Berufungstext M 8 vollziehen (vgl. dazu die Erläuterungen zu den einzelnen Materialien).

M 10 vertieft die Interpretation, die bereits in M 7 angedeutet wurde, kann deshalb auch ohne den Exkurs zu Jesajas Berufung an M 7 angeschlossen werden und knüpft noch einmal an die Kenntnisse zum Dekalog und bereits erarbeiteten Kenntnissen aus Kapitel 1 an.

Arbeitsauftrag 2 (Seite 31) fordert einen Konspekt zu M 10, was im unten angegebenen Tafelbildvorschlag exemplarisch umgesetzt wurde.

Die wichtigsten Aspekte aus M 10

- Trotz diverser Autoren/Redaktionen lässt sich in Jesajas Botschaft Kohärenz feststellen (ethisch wie politisch) (Z. 1 ff.),
- zentrale Vorstellung ist, dass JHWH der Herrscher der Welt ist und den höchsten Rang innehat (Z. 4 ff.),
- moralisches Handeln hat demnach das Ziel, die geordnete Struktur/göttliche Ordnung (heute: Recht/Gerechtigkeit) zu erhalten (Z. 10 ff.),
- der Begriff der **Gerechtigkeit** umfasst dabei nicht nur zwischenmenschliche Beziehungen, sondern **meint eine allumfassende kosmische Ordnung**.
- **Sünde** bedeutet
  - zunächst Nichtbeachtung dieser allumfassenden Ordnung,
  - weiterhin Nichtbeachtung gesellschaftlicher Ordnungen als Spiegel der göttlichen Ordnung
  - Resultat:
    - Verwirrung der menschlichen Gesellschaft (Mächtige verhalten sich respektlos, Schwache leiden) (Z. 34 f.),
    - Torheit als Grundhaltung führt durch Nichtbeachtung der Ordnung den Zusammenbruch der Gesellschaft herbei (Z. 40 f.),
    - Gott dringt durch die vorherrschende Grundhaltung der Menschen nicht mehr zu ihnen durch, die Gesellschaft verlässt sich mehr auf menschliche Macht als auf Gott, sie „schlafwandelt"/ist verstockt (Z. 44 f.).

M 11 *kann erst nach Erarbeitung des Kapitels 4.2 „Organspende" genutzt werden, weil es die kritische Auseinandersetzung mit der Hirntoddiskussion und der derzeitigen Explantationspraxis voraussetzt.*

Die wichtigsten Aspekte aus M 11

- Rotondo kritisiert auf einem Vortrag des Dt. Kirchentags den Umgang mit Organspendern, die von der Transplantationsmedizin nicht mehr als Menschen, sondern im Medizinerjargon als ‚human vegetable' angesehen und behandelt werden:
- Er sieht die Würde der Sterbenden verletzt.
- Insbesondere stellt er die Frage nach dem Schmerzempfinden der Organspender, das von der Transplantationsmedizin negiert wird.
- Anhand des Beispiels der Schmerzempfindlichkeit von Babys zeigt er auf, dass die Medizin hinsichtlich ihrer Beurteilung zum Schmerzempfinden in jüngster Zeit bereits Fehleinschätzungen vorgenommen hat, die inzwischen revidiert worden sind, auch hinsichtlich der Organspender waren Revidierungen nötig.

In **Arbeitsauftrag 3** (Seite 31) soll geprüft werden, ob Jesaja sich Rotondos Vortrag anschließen könnte:

- Jesaja könnte sich hinsichtlich der Kritik der sozialen Missstände sicherlich anschließen.
- Es wäre zu prüfen, inwieweit kirchliche Verlautbarungen von Rotondos Kritik infrage gestellt werden (vgl. Seite 67).
- Dennoch wäre Rotondo nicht als ‚Prophet' im Sinne biblischer Propheten zu sehen, da wesentliche Anteile prophetischer Rede (Vision, Berufung, Rückbindung an Gottes Wort) im Auszug seiner Rede fehlen.

3.5 Die Jesusüberlieferung

Dieses Kapitel versucht, mit Blick auf die Schwerpunktsetzung in Kapitel 4 jeweils eine Textsorte/-gattung (Gleichnis, Heilungswunder, Bergpredigt) exemplarisch mit entsprechenden Sekundärtexten bzw. Bildern zu vertiefen.
Da die Jesusüberlieferung im Vorsemester (Band: „Das Zeugnis vom Zuspruch und Anspruch Jesu") mit den Schwerpunkten „Reich Gottes", „Gleichnisse" und „Bergpredigt/Seligpreisungen" bereits ausführlich behandelt wurde, können anhand der in diesem Heft gelieferten Materialien auch noch einmal schwerpunktmäßig Kenntnisse wiederholt und vertieft werden. Es bietet sich also durchaus mit Blick auf das Kapitel 4 kursorische Lektüre an.

Das Bild ‚Barmherziger Samariter' **M 1** existiert in mehreren Varianten und ist posthum im Jahr 2009 in der abgedruckten Form im Kunstraum Herten ausgestellt worden.
Peter Roland Litzenburger (1917–1987) zog sich bereits im Säuglingsalter eine schwerwiegende Erkrankung der Atemwege zu, die ihn Zeit seines Lebens stark beeinträchtigte und durch schwere Folgeerkrankungen an den Rand des Todes brachte. So lag er nach Ende des Zweiten Weltkrieges, geschwächt durch Hunger und eine schwere Lungenentzündung, mehrere Tage im Koma, wurde zum Sterben bereits ins Badezimmer der Station abgeschoben. Er überlebte nur, weil ein junger Assistenzarzt nicht von seiner Seite wich und ihm neben medizinischer Hilfe auch durch Anwesenheit und Zuwendung die entscheidende Hilfe zum Überleben gab.

In **Arbeitsauftrag 2** (Seite 33) soll das Bild beschrieben und interpretiert werden.

Die wichtigsten Aspekte aus M 1

- Litzenburgers Bild ist dominiert durch zwei waagerechte Linien, die das Bild teilen und durch die farbig unterschiedlich gestalteten Hintergründe differenzieren.
- Im Bildzentrum stehen der Samariter und der Verletze, die in einer Art Momentaufnahme dargestellt sind:
  - Der Samariter hat sein Reittier verlassen, geht auf die Knie und hebt den Verletzten in einer Art inniger Umarmung vom Boden hoch, während der Verletzte mit ausgebreiteten Armen (fast wie ein Gekreuzigter) erscheint und den Samariter mit seinem linken Arm umfasst.
  - Besonders auffällig ist die Darstellung der beiden Gesichter; es dominiert die Nähe beider Gesichter zueinander, was den Blick des Betrachters immer wieder auf sich zieht; beide scheinen sich im Blick zu vereinen und/oder einen innigen Dialog zu führen.
  - Farblich dominieren Töne in Rot und Grau (v.a. Verletzter), Grau und Weiß (v.a. Samariter) sowie Grau und Grün (Maultier); das Schwarz (Hintergrundfarbe in der Bildmitte) kann als Zeichen der Hoffnungslosigkeit, die den Verletzten zuvor sicherlich umgeben hat, gedeutet werden.
  - Der Samariter ‚hebt' den Verletzten, dessen Körperpartien im unteren waagerechten Segment noch rot ausgefüllt sind, aus dem Bereich der körperlichen Verletzung und der seelischen Einsamkeit heraus.
  - Auffällig ist weiterhin, dass sowohl der Baum als auch der Esel in ihrer Blickrichtung/Ausrichtung nach rechts weisen (der Ast des Baums erscheint gleichsam wie ein Wegweiser), während der Samariter sich dem Verletzten zuwendet und damit die entgegengesetzte Richtung einschlägt, quasi innehält.

M 2, das Gleichnis vom barmherzigen Samariter, ist den meisten S aus dem Religionsunterricht bereits geläufig, allerdings wird der Begriff der ‚Nächstenliebe' häufig eher als Schlagwort genutzt und weniger inhaltlich differenziert betrachtet. Hier liefert das Gleichnis vom barmherzigen Samariter die klassische Beispielerzählung.

Die wichtigsten Aspekte aus M 2

- Ausgangspunkt ist die Frage eines ‚Gesetzeskundigen', die von Jesus mit Verweis auf die Gebote des AT an den Frager zurückgegeben wird.
- Der Gesetzeskundige antwortet mit zwei alttestamentlichen Geboten: der Gottesliebe (Dt 6,5/1. Gebot) und der Nächstenliebe (Lev 19,18), was von Jesus ausdrücklich bestätigt wird
- Der Frager möchte aber hinsichtlich der Nächstenliebe eine präzise ‚Anleitung', möchte wissen, wie weit die Liebe zum Nächsten zu gehen hat, und fragt noch einmal nach (V. 29).
  - Die *Beispielerzählung* zeigt deutlich, dass der Ausgeraubte auf fremde Hilfe angewiesen ist, nachdem er unter die Räuber gefallen ist; eigentlich sollte bereits der erste, der an ihm vorbeigeht (der Priester aus der gleichen Volkszugehörigkeit), sein ‚Nächster' sein; dies erwartet auch der Zuhörer, allerdings wechselt der Priester die Straßenseite, seine Motive für die unterlassene Hilfeleistung werden nicht näher erläutert (vgl. dazu ggf. M 3).
  - Auch der zweite Passant (der Levit), ebenfalls ein Mann der Religion, wechselt kommentarlos die Straßenseite und verweigert die nötige Hilfe.
  - Erst der dritte Passant (der verhasste Samariter [das Verhältnis zwischen Juden und Samaritern in der Zeit Jesu ist etwa vergleichbar mit dem zwischen Juden und Palästinensern heute in Israel]), der weder ein Landsmann noch ein Gottesmann ist, also streng genommen weder der Nahgruppe noch der Ethnie zuzuordnen ist (vgl. M 6, Seite 6), „wurde innerlich bewegt", zeigt also Mitgefühl (V. 33b) und leistet über das notwendige Maß der Ersthilfe hinaus Nächstenliebe (so lässt er ihn auf seinem Reittier reiten, bringt ihn in eine Herberge und verpflichtet sich sogar für eventuell entstehende weitere Kosten finanziell nach seiner Rückkehr aufzukommen).
- Die Frage des Gesetzestreuen wird mit der abschließenden Frage Jesu (V. 36) wieder aufgegriffen und mit dem Stichwort der ‚Barmherzigkeit' beantwortet: Derjenige entspricht Gottes Willen, der sich ethisch verhält, d.h. sich der Not seiner Mitmenschen öffnet und barmherzig Herz (und ggf. Geldbeutel) öffnet.
- Es ist zu beachten, dass diese Beispielerzählung in einen historischen Kontext eingebunden ist und für die damalige (jüdische) Zuhörerschaft eine absolute Provokation darstellte, stellte sie doch die jüdische Priesterschaft als in ihrer Pflichterfüllung verblendet hinsichtlich des göttlichen Willens dar, während der verhasste Samariter – frei von den religiösen Vorschriften – die ethische Verpflichtung zu Barmherzigkeit und Nächstenliebe im Sinne Gottes lebt.

M 3 zeigt anhand der Vergleichsstellen aus dem AT mögliche Motive/Gründe für das Verhalten des Priesters und des Leviten auf, die notwendige (und geforderte) Hilfeleistung zu verweigern.

Die wichtigsten Aspekte aus M 3

- Lev 21,1–4: Vorschrift, die das das Berühren einer Leiche (ausgenommen die nähere Verwandtschaft) verbietet, da diese zu kultischer Unreinheit führe
- Num 19,1–13: Vorschrift, die das Berühren einer Leiche verbietet (kultische Unreinheit) und angibt, wie im Übertretungsfall eine entsprechende ‚Entsündigung' stattfinden müsse; auf keinen Fall darf im angegebenen Zeitraum der Tempel betreten werden, da auch dieser sonst ‚verunreinigt' werde
- 2 Kön 17,24–25.34: Erläuterung, warum die Bewohner Samarias verhasst waren; sie beachten die jüdischen Gebote nicht

In **Arbeitsauftrag 1** (Seite 33) soll das Verhalten der Personen mithilfe der Materialien M 2 und M 3 interpretiert werden. Wichtig ist, dass die Überbetonung (wörtliche Befolgung) der kultischen Gebote den Priester und den Leviten vermutlich daran hindern, die notwendige Hilfestellung zu leisten. Dass dies im Gleichnis nicht besonders herausgestellt wird, mag u.U. auch daran liegen, dass der jüdischen Zuhörerschaft (insbesondere dem fragenden Gesetzestreuen) die diesem Verhalten zugrunde liegenden Gebote geläufig waren und nicht besonders hervorgehoben werden mussten.

M 4 aktualisiert in provozierender Weise das Gleichnis vom barmherzigen Samariter, wobei es die Perspektive des Bedürftigen einnimmt.

Die wichtigsten Aspekte aus M 4

- Die Verweigerung der tätigen Nächstenliebe geschieht im Vergleich zur Erzählung vom barmherzigen Samariter nicht aus Befolgung eindeutiger kultischer Vorschriften, sondern eher aus persönlichen Motiven, z.B.:
  - Angst (V. 5),
  - Selbstgerechtigkeit (V. 13),
  - Unverständnis (V. 15).
- Es ist zu diskutieren, ob auch wohlgemeinte Hilfe (V. 1f.) dem entsprechen, was ‚Nächstenliebe' im Sinn des Gleichnisses vom barmherzigen Samariter meint.

M 5 zeigt ausgehend von einem Beispiel aus China und einem Experiment zum Gleichnis vom barmherzigen Samariter eine mögliche Ursache für fehlende Barmherzigkeit bzw. Nächstenliebe auf.

Die wichtigsten Aspekte aus M 5

- Im Beispiel aus China wird von einem im Straßenverkehr schwer verletzten Kind berichtet, das erst von der 19. Passantin, einer Müllsammlerin, gerettet wurde.
- Im analog referierten Experiment zum Gleichnis vom barmherzigen Samariter wurde angehenden Priestern die Aufgabe gestellt, über das Gleichnis in einer im Anschluss stattfindenden Prüfung zu predigen. Anschließend wurde ein Teil der Gruppe unter Zeitdruck gesetzt. Auf dem Weg zur Prüfung mussten alle Prüflinge an einem Hilfsbedürftigen vorbeigehen, fanden sich also in einer ähnlichen Situation wieder, wie sie im Gleichnis vorkommt.
- Das Experiment zeigte, dass ein Zusammenhang zwischen persönlichem Zeitdruck und Wahrnehmung von Hilfsbedürftigkeit besteht, das Gehirn blendet ggf. die Notfälle aus, wenn es mit eigenen Sorgen beschäftigt ist.
- U. U. lässt sich die als unethisch empfundene unterlassene Hilfeleistung in einigen Fällen (Bsp. China) auch mithilfe des Experiments erklären.
- Die Ergebnisse des Experiments sollten ein Warnsignal für steigenden Arbeitsdruck in allen sozialen Bereichen, v. a. im Gesundheitswesen, sein, da u. U. Hilfsbedürftigkeit nur unzureichend wahrgenommen wird, wenn die Pflegekräfte/Betreuer etc. unter enormem Zeit- und Leistungsdruck stehen.

In **Arbeitsauftrag 3** (Seite 33) soll das Verhalten der Menschen in M 4 und M 5 über die im Text enthaltenen Erklärungsversuche hinaus erläutert werden. Mögliche ethische Grundeinstellungen könnten Beschränkungen im Sinne einer egozentrischen oder plesiozentrischen Ethik sein, aber es könnten auch utilitaristische Nützlichkeitsabwägungen (v. a mit Blick auf evtl. noch in der Nähe vorhandene Räuber, Abwägungen mit Blick auf persönliche Nachteile etc.) eine Rolle spielen. Das Gleichnis hingegen ist klar gesinnungsethisch ohne Abwägung möglicher Handlungskonsequenzen ausgerichtet.

3.6 Die Heilungswunder Jesu

Die nachfolgenden Texte zur Perikope von der ‚Heilung der Tochter der Jairus' wollen das Verständnis biblischer Texte anhand der unterschiedlichen Zugänge von historisch-kritischer Methode und tiefenpsychologischer Deutung und den damit verbundenen unterschiedlichen Interpretationen deutlich machen und so das Bewusstsein von S für unterschiedliche Auslegungsweisen der Bibel schärfen, ihnen exemplarisch auch ermöglichen, einen eigenen Zugang für häufig als ‚fromme Märchen' abgetane Wundergeschichten Jesu zu finden.
Da die Arbeitsanregungen die Arbeitsschritte der historisch-kritischen Methode in Ansätzen nachzeichnen, M 1 die biblische Perikope bietet und M 2 die redaktionelle Arbeit in M 1 verdeutlicht, sollte möglichst chronologisch vorgegangen werden.

Die wichtigsten Aspekte aus M 1

Marxsen gibt eine Markus-Perikope wieder, die aus zwei miteinander verzahnten Erzählungen besteht, einerseits der Handlung um die im Sterben liegende Tochter des Synagogenvorstehers Jairus und andererseits der Erzählung um die blutflüssige Frau.

- Die Perikope beginnt mit dem Flehen des Jairus, Jesus möge sein Töchterchen heilen, das in den letzten Zügen liege.
- Während sich Jesus auf den Weg macht, wird er von einer großen Menge an Menschen bedrängt, unter denen sich auch eine Frau, die an Blutfluss leidet, befindet.
- Die Frau berührt Jesus im sicheren Glauben daran, dass sie mit der Berührung gesund wird.
- Jesus bemerkt die heimliche Berührung und stellt die Frau zur Rede.
- Er stellt ihren beispielhaften Glauben heraus, der sie geheilt habe.
- Nach dieser Unterbrechung kommen ihnen Menschen entgegen, die berichten, dass die Tochter des Jairus inzwischen verstorben ist und Jesus nicht mehr helfen könne, sie verlachen ihn, als er ihnen entgegenhält, das Kind schlafe nur.
- Jesus schickt sie weg und nimmt nur seine engsten Vertrauten sowie die Eltern mit ins Haus.
- Im Haus ergreift er die Hand der Tochter und fordert sie auf, aufzustehen, worauf sie sich aufrichtet und umhergeht.
- Jesus verbietet den Anwesenden über die Ereignisse zu sprechen.

Erläuterung zu „literarkritisch"/Literarkritik, ***Arbeitsauftrag 1 a)****, Seite 35:*

Literarkritik: Ein Arbeitsschritt der sog. ‚historisch-kritischen Methode', die versucht einen biblischen Text in seinem damaligen Kontext verständlich zu machen und passend für die heutige Zeit auszulegen.

Methodische Schritte der HKM (nach Wikipedia):

- **Textkritik** (untersucht die wahrscheinlichste ursprüngliche Textgestalt anhand des Vergleichs verschiedener Handschriften)
- **genaue Übersetzung** aus dem Urtext
- **Redaktionskritik** (beschreibt, wie und mit welcher Intention Quellen vom späteren Autor bearbeitet wurden)
- **Literarkritik** (Rekonstruktion der schriftlichen Quellen; diese werden meist durch Widersprüche, Dopplungen und sprachliche Unterschiede im Text erkenntlich)

- **Formgeschichte** (Bestimmung der Textgattung, z. B. Wundergeschichte, Gleichnis, prophetisches Mahnwort etc.)
- **Traditionsgeschichte** (Rekonstruktion der mündlichen Überlieferung, die vor der ersten schriftlichen Fixierung lag)
- **Begriffs- und Motivgeschichte/Traditionskritik** (Entwicklung von einzelnen Ausdrücken, die im Text vorkommen, z. B. Lamm Gottes)
- **Religionsgeschichte** (Vergleich mit außerbiblischen Texten)

In **Arbeitsauftrag 1** (Seite 35) wird schrittweise die Perikope erarbeitet:

a) Literarkritische Auffälligkeiten:
- wechselnde Erzähltempora: Erzähltempus mit Erscheinen des Jairus (Z. 5 ff.) ist das Präsens; Wechsel des Erzähltempus mit dem Perspektivwechsel zur blutflüssigen Frau (Präteritum), wieder Wechsel ins Präsens,
- inhaltliche Dopplung: Jesus bezeichnet die blutflüssige Frau als Tochter und im nächsten Satz sprechen die Menschen von der gestorbenen Tochter (des Jairus),
- inhaltliche Dopplung: seltsamer Zufall, dass die blutflüssige Frau zwölf Jahre an ihrer Krankheit leidet und das Töchterchen des Jairus exakt zwölf Jahre alt ist.

b) Mögliche kritische Anfragen an den Text:
- Wie kann der Evangelist berichten „Und bald merkte Jesus […]" – verbietet sich in den Evangelien nicht ein auktorialer Erzähler? (Hinzu kommt, dass Jesus an späterer Stelle ausdrücklich verbietet über das Geschehene zu sprechen!)
- Warum ist es Jesus so wichtig herauszufinden, wer ihn in der Menge berührt hat – wäre das Beeilen nicht wichtiger gewesen?
- Warum hält er sich damit auf, die Frau als Beispiel des Glaubens hinzustellen, anstatt sich zu beeilen?
- Warum wird davon berichtet, dass viele an Jesu Möglichkeiten zweifeln, ihn gar auslachen?
- Warum nimmt er nur die Eltern und seine Vertrauten mit zu dem gestorbenen Kind?
- Wie kann es sein, dass Jesus eine Verstorbene zum Leben erweckt?
- Was soll das unmöglich durchzusetzende Verbot, über das Erlebte zu sprechen, schließlich gibt es doch viele Augenzeugen für den Tod des Mädchens?

c) Interpretationshypothesen:
- Die beiden Geschichten sind inhaltlich miteinander verbunden.
- In beiden Geschichten spielt der Glaube die entscheidende Rolle.

M 2 interpretiert die Jairus-Perikope vor allem mit Blick auf die Intentionen des Redaktors.

Die wichtigsten Aspekte aus M 2

- ♣ Marxsen beginnt mit möglichen kritischen Anfragen an den Text („Ob das wohl stimmt?") und zeigt damit auf, welche Schwierigkeiten wir als Rezipienten mit dem Glauben haben, wenn wir heute solche Wundergeschichten lesen (Z. 5 ff.).
- ♣ Marxsen stellt fest, dass wir mit unseren die Fakten anzweifelnden Fragen im Verständnis der Geschichte nicht weiterkommen (Z. 26 ff.).
- ♣ Marxsen verändert die Betrachtungsperspektive und fragt nach dem „Warum" der Erzählung und rückt dabei ins Bewusstsein, dass es sich bei den biblischen Erzählungen nicht um historische Berichte, sondern um ‚Kerygma', also Verkündigung handelt (Z. 33 ff.).
- ♣ Mit Blick auf die redaktionelle Arbeit stellt Marxsen fest, dass es sich eigentlich um zwei eigenständige, vom Redaktor aber ineinandergeschobene Einzelerzählungen handelt; die Geschichte von der blutflüssigen Frau dient dabei auch zur Spannungssteigerung (Z. 61 ff.).
- ♣ Der Vater mahnt Jesus zur Eile, Jesus scheint aber nach dem Zwischenfall mit der blutflüssigen Frau zu spät zu kommen, und laut den Aussagen der Menschen kommt er auch zu spät, die Tochter ist bereits gestorben; Marxsen stellt fest, dass auch der Synagogenvorsteher nicht glaubensfest ist, er traut Jesus zwar eine Heilung zu, aber diese auch nur, solange seine Tochter lebt; dieser begrenzte Glaube an Jesus als Wundertäter wird durch die Auferweckung der Tochter überhöht.
- ♣ Ähnlich wie dem Vater, der Jesus bestenfalls begrenzt Glauben schenkt, geht es auch den Lesern der Perikope mit allen ihren Fragen; am Ende der Perikope soll sich auch der Glaube der Hörer erweitern.

In **Arbeitsauftrag 2** (Seite 35) soll das Zitat aus der Perikope historisch mit Blick auf die Situation der Urgemeinde als Markus-Adressaten gedeutet werden.

Mit Blick auf das Thema des vorangegangenen Semesters (Band „Die Kirche und ihre Aufgaben in der Welt") können hier die Inhalte des Kapitels 2.2 (Seite 11 ff.) theologisch noch einmal wiederholt und vertieft werden:
- Es lassen sich Parallelen zwischen der Urgemeinde und dem Synagogenvorsteher Jairus bzw. den Umstehenden ziehen (die Urgemeinde konnte sich mit Jairus identifizieren).
- Wie Jesus wird auch die Tochter des Jairus von den Toten auferweckt.
- „Fürchte dich nicht – glaube nur!" ermutigte sicherlich auch die Urgemeinden, die mit Verfolgung und äußeren Anfeindungen zu tun hatten.

In **Arbeitsauftrag 3** (Seite 35) werden die ersten Interpretationshypothesen überprüft und ggf. revidiert. Zudem können die S Stellung nehmen, ob sich ihr Blick auf Jesus als Wundertäter und ihr Verständnis der Markus-Perikope durch die HKM verändert hat.

M 3 liefert eine tiefenpsychologische Auslegung des Theologen Eugen Drewermann zur Jairus-Perikope und beantwortet damit einige Fragen, die in Marxsens Text offen bleiben mussten (z. B. die Frage nach der Sinnhaftigkeit des Schweigegebots).

Die wichtigsten Aspekte aus M 3

- Drewermanns Ausgangspunkt ist die Angst (vor dem Tod), die einen Menschen derart lähmen kann, dass er kaum frei und selbständig aufblühen kann.
- Die Angst kann aber auch von Dritten projiziert werden (z. B. von den Eltern), sodass das Kind unter der (Für-)Sorge zu ersticken droht/erstickt, was Drewermann im Falle der Tochter des Jairus attestiert.
- Für Drewermann ist ein Hinweis auf eine derartige Projektion, dass Jairus von seinem „Töchterchen" spricht, obwohl es sich bei der Zwölfjährigen im damaligen Kulturkreis um eine junge Frau im heiratsfähigen Alter gehandelt haben muss (Z. 19 f.).
- Weiterhin sieht er die junge Frau in der Rolle der Tochter gefangen, nie erscheint sie als Individuum, stets ist von ihr als Tochter die Rede, zudem wird sie in dieser Rolle als Tochter des Synagogenvorstehers durch Zwänge und Erwartungen ihrer Umwelt gegängelt, die eine ständige Furcht vor Vorwurf und Strafe nach sich ziehen (Z. 35 ff.).
- An der Schwelle des Erwachsenwerdens bröckelt das Erziehungskonzept, das bis dahin getragen hat, es muss anscheinend erst vollkommen auseinanderfallen, damit eine Neudefinition sich ereignen kann (Z. 70 ff.).
- Drewermann analysiert unseren Liebesbegriff und stellt ihn der Angst (vor dem Tod) diametral gegenüber; leider erschöpft sich seiner Analyse nach unsere Vorstellung von Liebe häufig in der Sicherung irdischer Ansprüche, was in der Folge dann zu Fehlentwicklungen in der Liebe wie übermäßiger Fürsorge, Zwang und Einengung führt; wahre Liebe lebt aber von Freiheit und Transzendenz, vom Wissen um die Ewigkeit und das Vertrauen in die Unsterblichkeit (Z. 93 ff.), was sich in Jesu Deutung angesichts des Zustandes des Mädchens widerspiegelt (Z. 110 ff.).
- Das Wunder Jesu vollzieht sich in der Befreiung des Mädchens, die sich u. a. in der Ansprache an das Mädchen zeigt (Z. 125 ff.), die das Mädchen auffordern, erste eigene Schritte zu unternehmen.
- Drewermann erklärt das Schweigegebot Jesu als Verbot, aus dem Wunder, das sich im Innern abgespielt hat, ein ‚Schaustück für die Öffentlichkeit' zu machen (Z. 143 ff.).

In **Arbeitsauftrag 1** (Seite 37) sollen die S die Aussagen Drewermanns in einem Schaubild/Konspekt darstellen.

Nach der ausführlichen Auseinandersetzung mit zwei unterschiedlichen Interpretationszugängen zur Perikope sollen die S in **Arbeitsauftrag 2** (Seite 37) begründet Stellung beziehen, welche Auslegung sie persönlich zutreffender finden.

M 4 zeigt eine kleine Radierung (Original 7 x 11 cm) aus dem Jahr 1992. Anders als in vielen anderen künstlerischen Darstellungen von Wunderheilungen, in denen Jesus überragend groß als Heiland zwischen Notleidenden dargestellt wird, wird diese Szene von Thomas Zacharias dargestellt, ohne Jesus selbst ins Bild zu setzen.
Die wichtigsten beschreibenden Aspekte aus M 4 finden sich im Text M 5 wieder, sodass hier auf eine Wiedergabe verzichtet werden kann. Interessant an Zacharias' Darstellung ist neben dem Verzicht auf die Darstellung des Heilands v. a. die Simultandarstellung der Szenen vor und nach der Heilung. Gestalterisch bildet die Liege das letzte der vier senkrechten Segmente, die von rechts nach links (in Laufrichtung) immer heller werden. Die dunkle Krankenliege (das vierte Segment) wirkt gekippt, aus dem Bild abgeräumt. Im Gegensatz zu den drei anderen Segmenten, die hell und befreit wirken (wie die schreitende Person), wirkt die Abbildung auf der Krankentrage wie ein Gefängnis, eingesperrt in ein Dunkel, und weist in dieser Deutung deutliche Parallelen zu Drewermanns tiefenpsychologischer Deutung der Jairus-Perikope auf, die von den S auch im Vergleich herausgearbeitet werden können.

Daran schließt sich **Arbeitsauftrag 3** (Seite 37) an, in dem die S versuchen sollen, mithilfe einer schlüssigen Argumentation einem wörtlichen Verständnis der Heilungswunder anhand M 4 / M 5 entgegenzuwirken und damit die Kenntnisse zur HKM oder zur tiefenpsychologischen Auslegungsweise zu sichern und zu vertiefen.

In **Arbeitsauftrag 4** (Seite 37) soll die mögliche Bedeutung biblischer Wundergeschichten für leidende Menschen heute zusammengefasst werden. Mögliche Bedeutungen könnten sein:

- Gott ist den Menschen nicht fern (Jesus hat sich immer mit leidenden Menschen befasst und kennt ihre Sorgen und Nöte).
- Jesus hat Not gelindert; Wundergeschichten können ethische Impulse sein und auf Nachahmung der Solidarität mit Notleidenden zielen.
- Notleidende haben ihre Hoffnungen auf Gott gesetzt und wurden nicht enttäuscht.
- Wundergeschichten sind übertragen gemeint als Zeichen des hereinbrechenden Reichs Gottes, im übertragenen Sinne können Wunder Jesu als Sinnbilder einer besseren Welt (ohne Angst, Diskriminierung, Krankheit etc.) verstanden werden.

3.7 Die Bergpredigt

Aus der Bergpredigt werden nur noch einzelne Seligpreisungen mit Blick auf das folgende Kapitel „Medizinische Konfliktfelder" thematisiert, zudem die Goldene Regel mit dem allgemeinen Fokus auf das ethische Handeln.

M 1 zeigt die Seligpreisungen der Bergpredigt als Arbeitsgrundlage. Da diese im Vorsemester bereits ausführlich thematisiert wurden, wird auf Kapitel 2.3 des Bandes „Zeugnis vom Zuspruch und Anspruch Jesu Christi" verwiesen, insbesondere auf Seite 28 f.

In einer Predigt wird die Seligpreisung der Trauernden ausgelegt (M 2). Kehl greift dabei besonders den scheinbaren Widerspruch/die Paradoxie zwischen der Trauer und der (Selig-)Preisung heraus und versucht diese mit Blick auf das Verständnis des Reichs Gottes aufzulösen.
Der Text greift auf die messianischen Weissagungen Jesajas zurück und zugleich auf die gesellschaftlichen Tendenzen im Umgang mit dem Tod voraus.
Grundlegende Kenntnisse zu den Seligpreisungen/zur Bergpredigt aus den Vorsemestern können an dieser Stelle noch einmal wiederholt und vertieft werden.

Die wichtigsten Aspekte aus M 2

- Kehl stellt heraus, dass die Seligpreisung nur scheinbar paradox ist, da Jesus in der Bergpredigt „Dinge auf den Kopf stellt" (Z. 1 ff.).
- Kehl zieht eine Parallele zum Schluss des Jesaja-Buchs, auch dort finden sich eschatologische Zusagen: Das Reich Gottes steht unmittelbar bevor und bricht mit Jesu Wirken bereits an; für Trauernde bedeute dies, dass auch sie sich in gespannter Vorfreude befinden (Z. 8 ff.).
- Gerade für unsere Gesellschaft ist die Trauer jedoch mit Schmerz behaftet, was sich u. a. in der Tabuisierung des Todes/Sterbens zeigt (Z. 33 ff.).
- Mit dem Korinther-Brief des Paulus differenziert sie eine weltliche Trauer (hoffnungslos verzweifelte Traurigkeit) und eine gottgewollte Trauer (im Vertrauen auf Gott gelebtes langsames Loslassen), die eine „Sinnesänderung zum Heil", d. h. zu neuen Anfängen bewirken kann (Z. 40 ff.).

In M 3 begegnen die S der „Goldenen Regel" bei Mt und Lk, die in M 4 noch einmal kurz historisch eingeordnet und gedeutet wird.

Die wichtigsten Aspekte aus M 4

- Jesus ist nicht der Urheber der „Goldenen Regel", diese ist älter.
- Zwischen dem Sprichwort „Was du nicht willst, was man dir tu […]" und der Goldenen Regel gibt es einen wesentlichen Unterschied: Das Sprichwort geht von einer egozentrischen ethischen Haltung aus, während die Goldene Regel von meinem Nächsten her denkt.
- Nur aus diesem Perspektivwechsel heraus sind fruchtbare Lösungsansätze auch in scheinbar unlösbaren Situationen (z. B. Feindesliebe, bei Gewaltanwendung) denkbar und möglich.

Im daran anschließenden **Arbeitsauftrag 1** (Seite 39) sollen die S die Überlieferung und Verbreitung der Goldenen Regel in den großen Weltreligionen recherchieren. Damit neben Wikipedia auch noch weitere Quellen genutzt werden, bieten sich für eine Recherche folgende Links an:

- http://www.reinerjungnitsch.de/goldeneregel.PDF
- http://www.dober.de/reli-rallye/kueng2.html
- http://classic.weltethos.org/pdf_dat/ausstellung_deu.pdf
- http://www.epd.de/zentralredaktion/epd-zentralredaktion/schwerpunktartikel/mit-der-«goldenen-regel»-zum-weltfrieden
- http://www.geistigenahrung.org/ftopic85.html

Arbeitsauftrag 2 (Seite 39) schließt an die Überlegungen zum interreligiösen Dialog an, der Autor Muhammad Sameer Murtaua ist Islamwissenschaftler und Mitarbeiter der Stiftung Weltethos.
Im Vergleich der drei großen abrahamitischen Religionen extrahiert er fünf Ideale, die in der Literatur der drei Religionen immer wieder auftauchen:

1) Achtung vor der Würde des Menschen
2) Gerechtigkeit als Richtschnur einer anthropologisch orientierten Ethik
3) Gleichheit der Menschen
4) Freiheit
5) soziale Verantwortung

Die Antithesen der Bergpredigt werden in Gerd Theißens Glaubenssätzen M 5 noch einmal exemplarisch aufgegriffen und mit Blick auf das eigene moralische Verhalten und Selbstverständnis ausgelegt.

Die wichtigsten Aspekte aus M 5

- Der erste Schritt zu ethischem/moralischem Handeln ist die Erkenntnis der eigenen Fehlbarkeit bzw. das Eingeständnis der eigenen moralischen Schuld (vgl. dazu Schweitzers Schuldbegriff M 4 / M 5, Seite 11).
- Moralismus hingegen führt zu Selbstgerechtigkeit und damit zu unmoralischem Handeln (Bsp. Pharisäer und Zöllner).

4 Medizinethische Konfliktfelder

4.1 Sterbehilfe/Euthanasie

4.1.1 Umgang mit Sterben und Tod

In M 1 erfahren die S als Einstieg Zahlen und allgemeine Hintergrundinformationen zum Sterben in unserer heutigen Gesellschaft.

Die wichtigsten Aspekte aus M 1

- Über die Hälfte (in den Städten z.T. über 90%) aller Todesfälle ereignen sich in Krankenhäusern, Kliniken bzw. Altenheimen („Hospitalisierung", vgl. **Arbeitsauftrag 2**, Seite 41).
- Eine zunehmende Zahl von Toten stirbt ohne Angehörige oder mittellos, da u.a. die Zahl der alleinstehenden Personen steigt, was sich u.a. in ihrem Sterbeweg zeigt („Privatisierung", vgl. **Arbeitsauftrag 2**, Seite 41).
- Fazit: Die Einstellung zu Tod, Sterben und Trauer hat sich in unserer Gesellschaft radikal verändert.

Die Karikatur M 2 von Peter Gaymann zeigt eine weitere Tendenz im Umgang mit Sterben und Tod, nämlich die Nicht-Auseinandersetzung/Verdrängung. Gezeichnet ist eine (ältere) Frau, die dem Sensenmann die Tür öffnet, ihn aber (ähnlich einem unliebsamen Verkäufer) kurz angebunden abwimmelt und den Tod gleichsam nicht an sich herankommen lässt. Grotesk wirkt die Zeichnung dadurch, dass die Frau eigentlich bemerken müsste, dass es sich nicht um einen Türverkauf handeln kann und der Tod alle Menschen betrifft, darauf verweist auch die Bildunterschrift mit der Äußerung der Frau („Nein danke – Wir sterben nicht!").

Der Ausschnitt aus dem Zeitungsartikel des Spiegel-Online-Magazins in M 3 setzt sich mit den Vorbehalten der Gesellschaft auseinander, die angesichts eines geplanten Hospizbaus in Hamburg deutlich wurden. Während die Kirche als Verkäufer des Standorts den Bau des Hospizes befürwortet, möchten die Anwohner „ihren Kindern den Anblick des Todes/der Leichen ersparen" (Z. 19f. und Z. 30f.), nicht beim Frühstücken den Appetit verlieren (vgl. Z. 20f.) sowie nicht ständig mit dem Thema Tod konfrontiert werden (vgl. Z. 23f.). Es wird deutlich, dass dem Thema ‚Tod' in unserer Gesellschaft im Alltag wenig Platz eingeräumt wird.

Im Material M 4 begegnen die S einem Bild Edvard Munchs (1863–1944). Der norwegische Künstler bringt darin autobiografisch die Todeserfahrungen innerhalb seiner Familie zum Ausdruck. Nachdem er mit fünf Jahren den Tod seiner Mutter verarbeiten musste, starb seine älteste Schwester Sophie, zu der er ein besonders inniges Verhältnis hatte, 1877 ebenfalls an Tuberkulose, was bei Munch große Schuldgefühle verursachte und ihn den Glauben an Gott verlieren ließ.

Im Bild sind mehrere Personen (Familienangehörige) sowie die Verstorbene zu sehen. Auffällig ist, dass die Trauernden alle in Schwarz gekleidet sind, die abgewandt auf dem Stuhl sitzende Tote als einzige farbige Kleider trägt. Munch selbst ist im Vordergrund, verschmolzen mit seinen beiden Schwestern dargestellt, bei der verstorbenen Sophie stehen der Vater und eine Tante. Der Bruder wendet sich nach links ab. Durch die Farbkontraste und die maskenartigen Gesichter entsteht der Eindruck einer Totenstille und des Schmerzes über den Verlust.
Im Verhältnis zu den bisher dargestellten Materialien zeigt der Vergleich mit M 4, dass der Umgang mit dem Tod noch vor rund 100 Jahren ein völlig anderer war: Wenn auch der Verlust und die Auswirkungen des Todes auf die Hinterbliebenen die gleichen sind, starben die Menschen meist zu Hause, waren dabei umringt von Familienangehörigen, die sich auf den kommenden Tod vorbereiteten, ebenso wie der Sterbende.

Zur Unterschiedlichkeit des Sterbens in der heutigen Gesellschaft und vor rund 100 Jahren kann auch dieser Ausschnitt zum Bild von Edvard Munch vorgelesen oder den S zur Verfügung gestellt werden:

„Auf dem langen braunen Tuchrock von meinem Großvater war wohl nie ein Staubkorn. So ist er auch gestorben. Blank geputzt auch die Montur der Seele, sagte Oberpfarrer Stempel. Damals war ich wohl acht Jahre. Acht Tage lang hat mein Großvater alles aufgeschrieben und ausgeteilt. […] Er lag in der großen Stube, wo sein Webstuhl stand. Als es so weit war, mussten wir alle kommen, meine Eltern, die Großmutter, die Onkels. Dann der Lehrer. Dann der Schulze. Dann der Pastor. Großvater Hussak kam von allein. Der Sarg, den Großvater sich von seinem Freund, dem Obermeister Rehan in Lübbenau, hatte machen lassen, stand auch in der Stube. Auf ihn war fein des Großvaters brauner Rock gelegt. Auch seine Fellmütze, die weiße Kniehose und die Schnallenschuhe. Er sah ganz feierlich aus, wie er da in seinem Bett lag, und alles hatte er selbst gewebt. Ganz still waren alle, als er das heilige Abendmahl empfing. Dann sagte er: „Lassen Sie Reveille blasen, Herr Pastor!" und richtete sich auf. Sie mussten ihm helfen, sich anzuziehen. Mein Vater musste ihm das Haar glatt kämmen. Er sah aus, als wollte er ausgehen. Aber da wurde ihm krüselig, und er wäre beinah hingefallen. Sie wollten ihn wieder ins Bett tragen.
In diesem Augenblick brachte mein Onkel, Vaters Bruder, das Sterbestroh in die Stube. Nämlich, es war damals Brauch, dass die Bauern in unseren Dörfern nicht im Bett sterben wollten, um das Bett nicht durch den Tod zu verderben. Sie wurden daher in ihrer letzten Stunde auf eine Strohschütte auf den Fußboden gelegt. Mein Großvater

aber wurde zornig, als er das Stroh sah. Sie mussten ihn angezogen in den Sarg legen. Ich habe laut geheult. Meine Großmutter auch. Dann war es lange Zeit still. Bloß der Pastor betete.
Da rührte sich der Großvater wieder. Er fragte: „Ist das Tor los?" – „Es erwartet einen Gerechten", sagte der Pastor. – „Kann ich so vor den himmlischen König hintreten?", fragte mein Großvater. „Ist die Montur proper?" Er hatte die Augen zu dabei. Keiner antwortete ihm.
Dann sagte er laut: „Tritt gefasst!" Und dann murmelte er noch was und straffte sich ganz lang und lag still.
Sie warteten noch eine Zeit. Dann trat der Pastor zu ihm, streichelte ihm über den Kopf. „Er ist eingezogen", sprach er. Siehe, so starb mit siebzig Jahren mein Großvater Johann Preisgott Grambauer, Kunstwebermeister und Bauer. Als ein Soldat und Mensch und Künstler, und innerlich und äußerlich proper, wie er gelebt hatte.
(aus: Ehm Welk, Das Leben des Gottlieb Grambauer, zitiert nach: Hospiz-Forum, Wenn Menschen sterben, Feb. 2005)

Bodo Wartke beschreibt in einem autobiografischen Liebeslied M 5 seine als Säugling verstorbene Schwester Christine. Wartke, zum Zeitpunkt des Todes dreijährig, hat seine Schwester selbst nie gesehen. Bis vor einiger Zeit hat er sich in der Öffentlichkeit selbst immer als Einzelkind bezeichnet. Aus dem Lied wird der Schmerz über den Verlust der unbekannten Schwester bis heute deutlich, der sich immer noch in Trauer und Melancholie spiegelt.

In **Arbeitsauftrag 1** (Seite 41) sollen die S arbeitsteilig dem Umgang mit dem Tod in unserer Gesellschaft anhand der Materialien M 2 <u>und</u> M 3, M 3, M 4 oder M 5 nachspüren und ihre Ergebnisse gegenseitig präsentieren.

Arbeitsauftrag 2 (Seite 41) ergibt sich aus der arbeitsteiligen Gruppenarbeit sowie den Ergebnissen aus M 1.
Die Tendenzen im Umgang mit dem Tod finden sich nur implizit in den Materialien und sollten zunächst über die Wortbedeutungen hergeleitet werden und in einem zweiten Schritt anhand der Materialien mit entsprechenden Bsp. belegt werden:

- *Medikalisierung* meint, dass der Großteil der medizinischen Kosten, die ein Mensch in seinem Leben verursacht, im letzten Lebensjahr entstehen, z. B. für Medikamente, medizinische Versorgung usw. Damit ist die Sterbephase eines Menschen massiv durch die Medizin beeinflusst, vermutlich wird die letzte Lebensphase/das Sterben durch die wachsenden medizinischen Möglichkeiten auch verlängert.
- *Hospitalisierung* meint, dass die meisten Menschen (vgl. M 1) inzwischen nicht mehr zu Hause, sondern in Krankenhäusern, Altenheimen etc. sterben, was mit der Tendenz der Medikalisierung in Zusammenhang steht.
- *Privatisierung* bedeutet, dass die Menschen nicht, wie im Bild Munchs oder im Textbeispiel Welks geschildert, ‚öffentlich' im Beisein von Familie und Freunden sterben, sondern sogar häufig allein und vereinsamt (vgl. M 1).
- *Säkularisierung* meint die Ablösung des Todes aus der religiösen Rückbindung, damit verbunden ist eine andere Sichtweise auf den Tod, die große Auswirkungen auf die Lebensführung hat. Wenn der Tod nicht mehr als Eintrittstor in das ewige Leben gesehen wird, erhält das Leben als ‚einzige Chance' eine größere Bedeutung, da mit dem Tod dann alles aus ist.

4.1.2 Exkurs: Geschichte der Euthanasie

Die Materialien M 1 bis M 9 zeigen chronologisch anhand ausgewählter Texte und Bildmaterialien wichtige Stationen zum Wandel des Verständnisses von Euthanasie und Sterbehilfe, die den Umgang mit dem Thema ‚Sterbehilfe' in Deutschland nachhaltig beeinflussen.
*Die dazugehörigen **Arbeitsaufträge** (Seite 45) legen eine arbeitsteilige Gruppenarbeit nahe, die Arbeitsaufträge a) und f) können jedoch auch ausgegliedert und mit allen S erarbeitet werden.*

Die wichtigsten Aspekte aus M 1

- Der Hippokratische Eid betont die Hilfeleistung des Arztes zum Nutzen des Kranken (Prinzip der Fürsorge) und in Abwendung eines Schadens (Z. 15 ff.) (Prinzip des Nicht-Schadens), diese Selbstverpflichtung gilt sogar gegenüber sozial Geringergestellten wie den Sklaven (Z. 30 f.) (Prinzip der Vermeidung von Unrecht).
- Deutlich wird die Sterbehilfe (als aktive Sterbehilfe auch auf direkten Wunsch) abgelehnt, gleichermaßen die Abtreibung .
- Zum Hippokratischen Eid heute ist zu sagen, dass er eine breite Rezeption erfahren hat; vom Mittelalter an bis ins 20. Jh. galt das Ablegen des Hippokratischen Eids als Promotionseid. 1948 verabschiedete der Weltärztebund eine modernisierte Fassung des Hippokratischen Eids unter dem Titel ‚Genfer Ärztegelöbnis', der auch von der BÄK übernommen wurde und auch heute noch Bestandteil des ärztlichen Selbstverständnisses und damit des ärztlichen Standesethos ist.

Die wichtigsten Aspekte aus M 2

- Mit der Entstehung der Städte und dem Auftreten der großen Seuchen entstand aus dem christlichen Ideal der Nächstenliebe die praktische ‚Caritas', die dienende Nächstenliebe am Mitmenschen. (Z. 1–11),
- bereits in den ersten christlichen Gemeinden zeigen sich im Amt des Diakons/der Diakonisse organisatorische Umsetzung dieses Gebots, das sich häufig in pflegender und heilender Tätigkeit zeigte (Z. 11–28),
- mit dem Bevölkerungszuwachs im Mittelalter entstanden v. a. am Rand der Pilgerwege klösterliche Hospitäler (Z. 29–35).

Die wichtigsten Aspekte aus M 3

- Das Ölbild (1507) stammt aus einer Serie von drei Bildern zu den christlichen Tugenden ‚Glaube', ‚Liebe' und ‚Hoffnung', die zu einem Ensemble von Bildern an einem von der Familie Baglioni in der Kirche S. Francesco al Prato in Perugia gestifteten Altar gehören. Anlass der Altarstiftung war der Mord an einem Sohn der Baglionis.
- Während alle drei Tugenden miteinander verbunden sind, nimmt die Liebe die höchste Stellung unter ihnen ein (vgl. 1. Kor 13,13).
- Die Tugendfigur wird in einem Tondo dargestellt und von zwei in Nischen stehenden Engeln flankiert.
- Auffällig ist die Darstellung der Caritas als sitzende Muttergestalt, die von ihren Kindern umringt wird (zwei trinken an ihrer Brust) und um die sie schützend ihre Arme legt. Ihren Blick richtet sie besorgt (?) auf etwas, das sich dem Blickfeld des Betrachters nicht erschließt.
- Die farbig deutlich abgegrenzten Engel tragen jeder ein Attribut; der linke Engel trägt eine Schale mit Flammen und verkörpert die Caritas Dei (= Liebe Gottes), sein Gegenüber mit dem Attribut des Füllhorns die Caritas proximi (Nächstenliebe). Eine andere weit verbreitete Darstellungsform der Caritas proximi ist das Herz/Flammenherz (vgl. Seite 54, M 2).

Die wichtigsten Aspekte aus M 4

- Lebensschutz laut Hippokratischem Eid galt als elitäres Ethos nicht umfassend seit dem 5. Jh. v. Chr., sondern entwickelte seine Wirkung erst nach und nach (Z. 1–5).
- Dem gegenüber stand ein Denkansatz, der die grundsätzliche Möglichkeit der Lebensbeendigung für krankes, altes oder behindertes Leben erwog, allerdings von der christlichen Ethik verdrängt wurde (Z. 6–15).
- Erst im Kontext der Renaissance kam das Thema Euthanasie durch Thomas Morus und Francis Bacon wieder in den philosophischen Diskurs:
  - Francis Bacon unterschied zwischen einer Euthanasia exteriori (medizinische Sterbebegleitung) und einer euthanasia interiori (seelsorgerliche Sterbebegleitung) und hatte das Ziel, den häufig im Sterben Alleingelassenen beizustehen.
  - Thomas Morus (wird im Text so nicht explizit erwähnt und muss recherchiert werden, z. B. über http://www.reinerjungnitsch.de/morus.utopia auszug.pdf) schildert in seinem vielschichtigen Werk ‚Utopia' eine imaginäre Insel, auf der Kranke eine Suizid-Beratung von einer Behörde erhalten können, wenn ihre körperlichen Schmerzen eine angemessene Lebensqualität ausschließen. Ein solcherart behördlich gebilligter Suizid erfülle auch den göttlichen Willen und ermögliche (entgegen der christlichen Sitte) ein ehrenvolles Begräbnis.

Die wichtigsten Aspekte aus M 5

- Darwins Selektionstheorie wurde von den Sozialdarwinisten auf die Gesellschaft übertragen: Die stärksten Menschen würden sich gegenüber den Schwächeren durchsetzen.
- Damit geht eine Gegenüberstellung von Wertvollen und Minderwertigen einher.
- Da Armenfürsorge und Medizin die Schwachen jedoch unterstützen, befürchteten Rassenhygieniker eine ‚Entartung' (z. B. durch übermäßige Fortpflanzung der Minderwertigen, Zitat Grotjohann), demgegenüber sollte eine Stärkung und Kräftigung der eigenen Rasse forciert werden.

Die wichtigsten Aspekte aus M 6

- Die Untersuchung zeigt die geringe Wertschätzung von geistig behinderten Kindern durch die eigenen (!) Eltern, die 1920, also deutlich **vor** Hitlers Machtergreifung durchgeführt wurde.
- Insbesondere auffällig ist, dass auf die Frage nach der aktiven Lebensbeendigung fast ¾ der Eltern ihr Einverständnis geben würden. Von diesem Ergebnis ist sogar der befragende Arzt überrascht.

Die wichtigsten Aspekte aus M 7

- Die von führenden Rassehygienikern Binding und Hoche verfasste Schrift mit dem Titel ‚Freigabe der Vernichtung lebensunwerten Lebens' entfaltete die größte unheilvolle Wirkung mit Blick auf die Euthanasie.
- Die Autoren stellen lebensunwerte und lebenswerte Menschen einander unvereinbar gegenüber, die Wortwahl ist plakativ und demagogisch (z. B. „Hunderte fleißiger Arbeiter", „toter Jugend", vs. „Idioteninstitute", „wertloser"/„negativ zu wertender Existenzen").
- Die Euthanasie wird als „Erlösung" für die Betroffenen (Z. 26) und als „Befreiung" für die Gesellschaft und den Staat dargestellt (Z. 26 ff.), da an ihrer Weiterexistenz jedes vernünftige Interesse dauerhaft geschwunden sei (Z. 32 f.).
- Binding und Hoche ziehen aus ihren Ausführungen den Schluss, dass der Staat die verhängnisvolle Frage zu klären habe, ob er für die soziale Fortdauer tätig werden müsse, d. h. die Unangreifbarkeit des Lebens gelte, oder stattdessen unter nicht näher genannten Voraussetzungen die Vernichtung der Minderwertigen freizugeben wäre, da diese das kleinere Übel darstelle.
- Binding und Hoche fordern vom Staat, gesetzgeberisch tätig zu werden; sie greifen damit die seit der Umsetzung von Darwins Selektionstheorie gesellschaftlich breite Akzeptanz der Euthanasie für Behinderte nach dem Ersten Weltkrieg auf.

Die wichtigsten Aspekte aus M 8

- Aktion T4 ist eine interne Abkürzung für die organisierte Euthanasie an Behinderten, die durch die Organisation T4 (benannt nach dem Dienstsitz in der Tiergartenstr. 4 in Berlin) seit dem 01.09.1939 (!) auf Anordnung Hitlers durchgeführt wurde.
- Geistig Behinderte, psychisch Kranke, zunehmend auch pflegebedürftige Alte und Invaliden wurden durch Meldebögen erfasst, in zentrale Tötungsanstalten verbracht und dort durch Kohlenmonoxid vergast.
- Ab 1941 wurden die Tötungsaktionen auch auf KZ-Häftlinge ausgeweitet, die T4-Aktion galt als Vorstufe der organisierten Vernichtung von Menschen.
- Nach kirchlichem Protest, v.a. durch den Bischof von Münster, wurde auf Weisung Hitlers die Gasmordaktion an Behinderten 1941 gestoppt, dezentral wurden die Tötungen in vielen Heil- und Pflegeanstalten jedoch bis Kriegsende weitergeführt.

Die wichtigsten Aspekte aus M 9

- Tod und Sterben gehört zum Leben dazu, eine Reduktion des Lebenssinns auf einen flachen Eudaimonismus führt dazu, dass Euthanasie als humane Möglichkeit angesehen werden kann (vgl. Säkularisierungstendenz im Umgang mit dem Tod).
- Wenn Menschen instrumentalisiert werden, schwinden Mitgefühl und Moral in der Medizin und Euthanasie oder medizinische Experimente werden überhaupt erst möglich.
- Mit wachsenden medizinischen Möglichkeiten entstehen neue Problemfelder; der Heilauftrag des Arztes kann auch für den Betroffenen zur medizinischen Sackgasse werden.
- Viele Menschen vertreten heute die Vorstellung von einem ‚Recht auf einen leichten/selbstbestimmten Tod'. Dabei wird häufig nicht bedacht, dass die Vorstellung eines solchen Rechts auch eine Instanz voraussetzt, die für die Durchsetzung dieses Rechtes notfalls eintritt. Analog zum Recht auf einen leichten Tod müsste dann aber eigentlich auch ein Recht auf ein leichtes Leben einhergehen.

4.1.3 Sterbehilfe in Deutschland

Gemäß dem veränderten Umgang mit Tod und Sterben zeigt die Karikatur von Hogli M 1 eine ältere Dame, die am Zeitungskiosk die neue Ausgabe der Zeitschrift „Schöner Sterben" analog zu Lifestyle-Magazinen kaufen möchte. Das Sterben erscheint in diesem Kontext (weitere Auslagen am Kiosk lauten „Schöner Managen" oder „Schöner Wohnen", „Schöner Essen" und „Schöner Leben") als makabrer Ausdruck individueller Lebens-/Todesgestaltung.

Das Fallbeispiel von Diane Pretty M 2 zeigt anhand eines reellen Fallbeispiels die Probleme angesichts aktiver Sterbehilfe auf. Die Britin Diane Pretty hatte darum gekämpft, aktive Sterbehilfe durch ihren Mann zu erhalten und für ihr Recht auf einen würdigen Tod vor mehreren britischen Gerichten und zuletzt sogar vor dem Europäischen Gerichtshof für Menschenrechte gekämpft. Dieser hatte jedoch am 29.04.2002 entschieden, dass ein Grundrecht auf Leben das Recht auf Selbsttötung <u>nicht</u> einschließe, da der Staat verpflichtet sei, Leben zu schützen und zu erhalten. Wenige Tage nach der Urteilsverkündung starb Diane Pretty nach schweren Lungenproblemen den Tod, den sie am meisten fürchtete.

M 1 dient als Einstieg in die Sterbehilfediskussion, insbesondere Prettys Forderung, ihr ‚Recht auf einen selbstbestimmten Tod' als Analogieschluss zum bestehenden Recht auf ein selbstbestimmtes Leben, ist mit den S laut **Arbeitsauftrag 1** (Seite 47) kritisch zu reflektieren:

- Existiert ein solches Recht auf einen selbstbestimmten Tod?
- Wer steht für ein solches Recht ein/Wer sorgt für die Einhaltung?/Wer sorgt ggf. für die Durchsetzung eines solchen Rechts?
- Wie sieht es mit einer Weigerung aus Gewissensgründen aus (z.B. ein Arzt, der nicht euthanasieren möchte – könnte dieser verklagt werden)?

Die Tabellen M 3 und M 4 stellen in knapper Weise Unterscheidungskriterien und die z.T. problematische Unterscheidung von aktiver und passiver Sterbehilfe dar (problematisch insofern, als der Terminus ‚passiv' durchaus ein Handeln einschließt: So ist z.B. das Abstellen einer Beatmungsmaschine eine aktive Handlung, zählt aber als passive Sterbehilfe).

Im **Arbeitsauftrag 2** (Seite 47) wird von den S eine Recherche zu den Formen der Sterbehilfe in Deutschland und ihrer juristischen Beurteilung verlangt.

Grundsätzlich unterscheidet man in Deutschland vier bzw. fünf Formen der Sterbehilfe:

1) <u>Reine Sterbehilfe/Sterbebegleitung:</u>
   - bezeichnet die für die Ärzte verpflichtende Schmerzlinderung und Basisversorgung,
   - ist sowohl ethisch als auch rechtlich geboten, da zur Würde eines jeden Menschen auch menschenwürdiges Sterben gehört,
   - Bsp.: palliativmedizinische Maßnahmen, Sterbebegleitung in der Hospizbewegung.

2) <u>Indirekte Sterbehilfe:</u>
   - bezeichnet die Linderung schwerer Schmerzen in der terminalen Phase des Lebens, wobei diese zu einer Lebensverkürzung führen kann,
   - indirekte (in Kauf genommene) Lebensverkürzung gilt als ethisch statthaft (die erforderliche Schmerzlinderung überwiegt ein Interesse an einer kurzfristigen

Verlängerung des Lebens, eine mögliche Verkürzung des Lebens darf in Kauf genommen werden),
- Voraussetzung: ausdrücklicher oder mutmaßlicher Wille des Patienten,
- Bsp.: hohe Morphingaben bei Krebspatienten im Endstadium, die zu einer Verkürzung der Lebenszeit um einige Tage/Wochen führen können.

3) Aktive bzw. direkte Sterbehilfe:
- im Gegensatz zur indirekten Sterbehilfe ist die Todesfolge intendiert, es kommt zur direkten Tötung sterbender/schwerstkranker Patienten durch den Arzt,
- in Deutschland rechtlich und moralisch unzulässig, auch wenn sie auf Verlangen des Patienten geschieht, weil das Leben ein fundamentaler Wert ist und jeder Mensch schutzwürdig ist,
- Strafmaß: 6 Monate bis 5 Jahre nach § 216 StGB (im Vergleich dazu bei Mord: 5 Jahre bis lebenslänglich),
- Bsp.: Überdosis eines Medikaments per Injektion.

4) Passive Sterbehilfe:
- umfasst Therapiebegrenzung und Therapieabbruch, wenn die Therapie bei einem unaufhaltsamen Sterbeprozess eine Leidverlängerung darstellen würde,
- Voraussetzung: infauste Prognose und der Wunsch des Patienten nach Therapieabbruch oder -begrenzung,
- ethisch und rechtlich zulässig, sofern der Patient weiterhin die Basisversorgung erhält,
- Bsp.: Abschalten medizinischer Geräte, Beendigen der Dialyse.

5) Beihilfe zum Suizid:
- im Vergleich mit den bisher genannten Formen 2–4 liegt die Tatherrschaft in diesem Fall beim Patienten, d.h. er nimmt selber ein tödlich wirkendes Medikament ein. Im Falle einer ärztlichen Assistenz beim Suizid gerät der Arzt jedoch in Kollision zu seiner sog. ‚Garantenpflicht', d.h. der Arzt ist verpflichtet, bei eintretender Bewusstlosigkeit (und auf den Arzt übergehender Tatherrschaft) Hilfeleistung zugunsten des Lebens, auch gegen den Willen des Patienten, zu leisten,
- Grenze der Strafbarkeit liegt bei der Täterschaft: Wenn der Gehilfe selbst den Tatablauf beherrscht und zum Täter wird, ist er wegen eines Tötungsdeliktes strafbar (vgl. Fall des Arztes Julius Hackethal, der dadurch, dass er einer Patientin Zyankali zur Verfügung stellte, an dessen Wirkung die Patientin innerlich erstickte, ärztlich nicht mehr eingreifen konnte und daher den Tatablauf nicht beherrschte!).

Laut **Arbeitsauftrag 3** (Seite 47) kann M 4 folgendermaßen vervollständigt werden:

	Aktive Sterbehilfe	**Passive Sterbehilfe**
Deskriptive Ebene	Tun	Unterlassen
Intentionale Ebene	Herbeiführen	Geschehenlassen
Normative Ebene		
• Ziel	Tod	sterben können
• Kausalität	einzige, hinreichende Bedingung	notwendige, aber nicht hinreichende Bedingung
• Todesvorstellung	Der Tod ist eigene Wahl	Der Tod ist Schicksal
Einstellung	Machenkönnen	Akzeptierenkönnen

Der Text des Medizinethikers Giavanni Maio M 5 fragt kritisch nach dem heutigen Verständnis von Autonomie im Kontext der Sterbehilfe-Diskussion.

Die wichtigsten Aspekte aus M 5

- Sterbehilfe wird heute vornehmlich unter dem Aspekt der Autonomie gesehen, damit verbunden ist jedoch die problematische Annahme der Respektierung der Autonomie als wesentlicher oder ausschließlicher Bestandteil eines guten Sterbens (Z. 1–14).
- Wenn ein Patient trotz Lebensfähigkeit sterben möchte, ist nach den Gründen für diese tragische Situation zu fragen:
  - Häufig kommt der Todeswunsch bereits zustande, wenn sich Menschen auf andere angewiesen fühlen (Z. 19 ff.),
  - auf Dritte angewiesen zu sein, bedeute nicht automatisch den Verlust der Lebensqualität/eine Ablehnung des Lebens als solches (Z. 23 ff.),
  - wenn diese gesellschaftliche Tendenz sich verfestigt, etabliert sich zunehmend eine Ablehnung bzw. Geringschätzung sämtlichen behinderten Lebens (Z. 26 ff.).
- Die Vorherrschaft eines solchen Autonomieverständnisses verwechselt Autonomie mit Unabhängigkeit (Z. 42–45).
- Angewiesenheit auf Andere gehört jedoch zum Kennzeichen des Menschseins, eine Ablehnung der Angewiesenheit lehnt auch den Menschen schlechthin ab (Z. 45 ff.).

Die Karikatur „Mittelpunkt Mensch" M 6 stellt das Dilemma der modernen Intensivmedizin dar.
Ein sterbender Patient ist auf dem Weg, das irdische Dasein zu verlassen (Nimbus, Flügel) und erhebt sich aus dem Krankenbett, wird jedoch von den intensivmedizinischen Apparaten und Schläuchen am Wegfliegen gehindert. Die Karikatur

nimmt Bezug auf die ständig wachsenden Möglichkeiten der Intensivmedizin, die den ‚natürlichen' Tod immer weiter hinauszögert und damit zu immer neuen ethischen Problemen führt (z. B. wann ein Beatmungsgerät abgeschaltet werden darf, ob Nahrungssonden entfernt werden dürfen, wann ein Patient ‚vollständig' tot ist etc.).
Der Titel „Mittelpunkt Mensch?" stellt infrage, dass es in der Apparate-Medizin überhaupt noch um das Wohlbefinden des Patienten geht, oder ob (wie in H. Thielickes Zitat M 9, Seite 45) „der Heilauftrag des Arztes in einen Terror der Humanität umzuschlagen droht".

In **Arbeitsauftrag 4** (Seite 47) sollen die S den aktuellen Vorschlag des Justizministeriums darstellen. Gemäß diesem Vorschlag sollen gewerbsmäßige Sterbehelfer mit bis zu drei Jahren Haft bestraft werden, wenn sie absichtlich und geschäftsmäßig einem anderen die Gelegenheit zur Selbsttötung gewähren, verschaffen oder vermitteln.
Der BÄK und dem 115. Deutschen Ärztetag gingen diese Regelungen nicht weit genug, sie befürchten sogar, dass eine Regelung des geplanten Gesetzes dem ärztlich assistierten Suizid Tür und Tor öffnen und ihn quasi ‚salonfähig' machen könnte: In Absatz 2 wäre eine Beihilfe zum Suizid nämlich straffrei, wenn sie nicht gewerbsmäßig ausgeübt würde und der Helfer eine nahestehende Person oder ein Angehöriger wäre. Diese Personengruppe könnte dann auch Ärzte oder Angehörige von Heilberufen und Pflegekräfte einschließen.

Die beiden Stellungnahmen in M 7 greifen noch einmal die Auseinandersetzung um Selbstbestimmung und Freiheit angesichts der Sterbehilfe auf und bilden einen Übergang zum Blick ins europäische Nachbarland Niederlande, das seit etwa 20 Jahren einen eigenen Weg in Sachen aktiver Sterbehilfe beschreitet und in Europa bereits zahlreiche Nachahmer gefunden hat.
Hier bietet sich eine Positionierung der S an, die begründet zu einer der beiden Aussagen Stellung nehmen könnten:

Die wichtigsten Aspekte aus M 7

Position 1:
- Bitte um Tötung auf der Argumentationsgrundlage einer freiheitlichen Entscheidung wäre ein Widerspruch in sich:
  - Wenn man einem anderen im Namen der Freiheit erlauben würde, mir selbst die Grundlage meiner Freiheit, nämlich mein Leben zu nehmen,
  - wer die Freiheit schützen will, muss demzufolge auch das Leben schützen, das die Freiheit erst ermöglicht.

Position 2:
- Lebensqualität hängt von der eigenen Gestaltung (auch des Lebensendes) ab,
  - daraus leitet sich die Forderung nach einer eigenen Entscheidungsmöglichkeit ab, „wann, wie und durch wessen Hand" wir sterben wollen,
  - dieses Recht geht deutlich über passive Sterbehilfe hinaus und umfasst auch aktive Sterbehilfe.

4.1.4 Euthanasie in den Niederlanden

Der Autorentext gibt eine grundsätzliche Einleitung, wie es überhaupt zum niederländischen Weg in der Aufweichung der aktiven Sterbehilfe gekommen ist. Auch mit Blick auf die nachfolgend zu besprechenden Untersuchungsergebnisse ist der Autorentext relevant. Zudem beugt die genaue Kenntnis der Hintergründe dem häufig auch in den Medien falsch wiedergegebenen Sachverhalt vor, aktive Sterbehilfe sei angeblich in den Niederlanden ‚erlaubt'/legal. Dies ist nicht der Fall, unter bestimmten Voraussetzungen wird lediglich auf die strafrechtliche Verfolgung verzichtet.

Die niederländischen Sorgfaltskriterien M 1 bilden die wichtigste Grundlage für Entscheidungen, ob die angesprochenen Bedingungen vorliegen, unter denen eine aktive Sterbehilfe straffrei bleibt.
(Genauere Informationen zu den Sorgfaltskriterien sind dem Jahresbericht der Euthanasiekontrollkommission 2011 zu entnehmen: http://www.euthanasiecommissie.nl)

Die wichtigsten Aspekte aus M 1

- Deutlich wird, dass der Arzt eine Schlüsselposition einnimmt, er muss den Patienten als Fachmann über seine Situation informieren, ihn beraten und euthanasieren (es bleibt offen, inwieweit das mit dem ärztlichen Standesethos überhaupt vereinbar ist).
- Einige Formulierungen sind sprachlich sehr offen gehalten, z. B. dass der Patient sein Leiden als ‚unerträglich' empfinden muss (kann nicht auch ein Trauernder seine Situation als unerträglich empfinden? – Es wird nicht explizit auf terminal Kranke abgehoben!).
- Eine Vielzahl von Patienten wird nicht berücksichtigt, da die Sorgfaltskriterien nur auf artikulationsfähige, volljährige Patienten abheben (Komapatienten können sich selbst nicht äußern, würde ihnen ‚von außen' die Unerträglichkeit ihres Daseins diagnostiziert, würde die angestrebte Selbstbestimmung ad absurdum geführt).
- Inzwischen ist der Betroffenenkreis auch auf Depressive, Komapatienten und behinderte Neugeborene erweitert worden (vgl. M 3, LAWER-Fälle).
- Für 12- bis 16-Jährige ist neben der eigenen Bitte auch die Zustimmung der Eltern notwendig.

In **Arbeitsauftrag 1** (Seite 49) sollen die S untersuchen, ob sie die Sorgfaltskriterien für geeignet halten, eine missbrauchsfreie Euthanasiepraxis zu gewährleisten.
Angesichts der in M 1 herausgearbeiteten offenen Formulierungen und eines eingeschränkten, später geöffneten Betroffenenkreises zu Lasten der Autonomie (M 3) kann ein Missbrauch der aktiven Euthanasie nicht ausgeschlossen werden.

In M 2 sollen die S arbeitsteilig die Sorgfaltskriterien anhand eines der nachfolgenden vier fiktiven Fälle überprüfen und ggf. Probleme darstellen können (**Arbeitsauftrag 2**, Seite 49).
Die wichtigsten Aspekte zu den Fallbeispielen:

1) „Hans"
- leidet unerträglich an seinen Depressionen,
- Medikamente können ihm nicht helfen,
- wenn Euthanasie nur als Hilfe für Kranke in der letzten Lebensphase verstanden wird, wäre die aktive Euthanasie für Hans unzulässig, bei Ausweitung des Betroffenenkreises wäre sie statthaft.

2) „Enno"
- leidet an den Befürchtungen hinsichtlich des Verlaufs seiner Alzheimer-Erkrankung,
- strenggenommen ist in seinem derzeitigen Zustand sein Leiden weder objektiv unerträglich noch aussichtslos,
- er fürchtet mehr die Belastung seiner Familie als eigene Leiden,
- in seinem Fall wäre aktive Euthanasie nicht statthaft, allerdings gab es in ähnlichen Fällen in den Niederlanden sich widersprechende Gutachten, einige Ärzte attestierten durchaus ein unerträgliches Leiden, damit wurde die Euthanasie von Alzheimer-Patienten nicht strafverfolgt,
- zudem könnte der Krankheitsverlauf auch verzögert eintreten, sodass er durchaus noch eine Zeit hoher Lebensqualität mit seiner Familie verbringen könnte; auch ein Meinungswechsel durch ein „Wachsen" mit der Krankheit wäre möglich.

3) „Gertrude"
- ist strenggenommen nicht mehr äußerungsfähig und damit wäre sie kein Patient, der die Sorgfaltskriterien erfüllt,
- sie wäre allerdings als LAWER-Fall euthanasieberechtigt,
- auch in ihrem Fall wäre es möglich, dass sie zu einem späteren Zeitpunkt evtl. ihr Leben anders, d. h. deutlich positiver bewertet als von einem ‚gesunden' Standpunkt aus.

4) „Nicole"
- Die Euthanasie des Neugeborenen ist nach den Sorgfaltskriterien eigentlich ethisch nicht statthaft, kann aber nach der LAWER-Definition durchaus angewendet werden,
- der Umgang mit schwerstbehinderten Neugeborenen ist auch in Deutschland in die Schlagzeilen geraten, seit das sog. ‚Liegenlassen', d. h. die absichtliche Unterlassung ärztlicher Hilfe bei schwerstbehinderten Neugeborenen auf Intensivstationen, als klinische Routine in die Öffentlichkeit gelangt war (vgl. dazu den Fall des sog. ‚Oldenburger Babys').

Tabelle M 3 schlüsselt das Akronym LAWER als eine der bisher gegenüber den artikulationsfähigen Patienten benachteiligte Gruppe auf, weil ihr Patientenwille nicht mehr erfragt oder rekonstruiert werden konnte. Bei diesen Fällen handelt es sich um (temporär?) nicht mehr äußerungsfähige Patienten, bei denen Dritte über den Euthanasiewunsch entscheiden (vgl. M 6).

Arbeitsauftrag 3 (Seite 49) setzt die Ergebnisse der 2nd nationwide study in Bezug zu den Sorgfaltskriterien.

Die wichtigsten Aspekte aus M 4 und M 5 in Abgleich mit M 1

- Die Sorgfaltskriterien fordern eine angemessene und reifliche Entscheidung. Inwieweit dies in nahezu 48 % der Fälle nach Äußerung eines ersten, ausdrücklichen Euthanasiewunsches und der Durchführung der Euthanasie überhaupt stattfinden konnte, zumal ein zweiter unabhängiger Arzt hinzugezogen werden musste, ist fraglich.
- Bei den von den Ärzten angegebenen Gründen, sich nicht nach dem Patientenwillen zu erkundigen (LAWER-Fälle) wird in mehr als der Hälfte der Fälle angegeben, dass der Patient nur reduziert bei Bewusstsein gewesen sei (man beachte, dass es sich nicht um permanent bewusstlose Patienten gehandelt hat). Zu dieser Patientengruppe könnte auch ein Patient zählen, der sich zum Zeitpunkt des ärztlichen Besuchs gerade in einem schlafähnlichen Zustand befunden hat. Dieser Grund kann ethisch als nicht statthaft gelten.
- Der zweithäufigste Grund, „eindeutig das Beste für den Patienten", zeigt, dass die Autonomie des Patienten nur wenig Berücksichtigung findet, da der Arzt über das Befinden des Patienten fremdurteilt. Dieser ärztliche Paternalismus spiegelt sich auch in weiteren Antworten („zu jung"/„emotional zu labil") wider und ist mit großer Skepsis zu betrachten.

Arbeitsauftrag 4 (Seite 49) setzt erneut bei den LAWER-Fällen an und fragt nach den Motiven der Ärzte im Falle einer aktiven Euthanasie ohne Einwilligung des Patienten.

In einer Phase der Einzelarbeit sollen die angegebenen Motive hinsichtlich ihrer ethischen Statthaftigkeit überprüft werden, ethisch nicht-statthafte Motive sollen die S aus der Liste streichen. Zu erwarten wäre dabei, dass fremdbestimmte Begründungen (z. B. Bettenmangel, Wirkungslosigkeit des Therapieabbruchs [i. e. passive Sterbehilfe], Aussichtslosigkeit weiterer medizinischer Therapien, Unerträglichkeit für die Angehörigen) als ethisch nicht statthaft ausgeschlossen werden, gleichwohl die Möglichkeit benannt wird, dass solche Gründe in der Realität eine geringe Rolle spielen könnten. Zudem ist zu erwarten, dass S Wünschen des Patienten (z. B. durch ein Patiententestament) oder durch Mitleid motiviertem Handeln (Schmerzen/Leiden des Patienten) eine hohe

Stellung in der Rangliste einräumen. Diese Rangliste ist in der Folge zu begründen.
Es ist wichtig, dass die Arbeitsaufträge a) und b) zunächst in Einzelarbeit stattfinden können, um die Gruppenarbeit vorzuentlasten und auch schwächeren S die Möglichkeit zu geben, sich in der nachfolgenden Gruppenarbeit einzubringen.
In der Gruppenarbeit findet erfahrungsgemäß eine angeregte Diskussion über die Statthaftigkeit einzelner Motive und die angemessene Rangliste statt.
Aus der Materialüberschrift wissen die S bereits, dass die niederländischen Ärzte ebenfalls zu ihren Motiven befragt wurden.

Die in der anonymen Erhebung gewonnenen Antworten zeigen folgende ‚Rangliste':

Rang		Motive der Ärzte	Antworten in %*
1	F	keine Aussicht auf Besserung	60
2	E	weitere medizinische Therapien sinnlos	39
3	B	keine unnötige Lebensverlängerung	33
4	A	die Angehörigen konnten es nicht länger ertragen	32
5	G	niedrige Lebensqualität des Patienten	31
6	I	Schmerzen oder Leiden des Patienten	21
7	D	der Wunsch des Patienten (z. B. durch ein Patiententestament bekannt)	17
8	H	trotz abgebrochener Therapie lebte der Patient weiter	3
9	C	ökonomische Gründe (z. B. Bettenmangel)	1
10	J	andere/eigene Gründe	1

** Spiegelt die Prozentzahl aller Ärzte, die dieses Motiv für sich als zutreffend angegeben haben; Mehrfachnennungen bei den Motiven möglich.*

Grundsätzlich lässt sich festhalten, dass für die Ärzte Schmerzen bzw. das Leiden und der Patientenwunsch nur eine nachrangige Motivation darstellen (Schmerzen an 6. Stelle, Patientenautonomie an 7. Stelle). Vorrangige Motive waren bei den Ärzten die infauste Prognose und die Unmöglichkeit, weiter sinnvoll medizinisch einzugreifen. Insbesondere unter Hausärzten fand das Motiv, den Angehörigen weiteres Leid zu ersparen, besondere Berücksichtigung.
Es kann geschlussfolgert werden, dass zwischen dem ethischen Ziel der niederländischen Euthanasiepraxis und der reellen Praxis insbesondere LAWER-Fälle zu nicht-freiwilliger Euthanasie werden und die Selbstbestimmung des Patienten ins Gegenteil verkehrt wird.

An dieser Stelle könnte im Plenum noch einmal auf die Sorgfaltskriterien Bezug genommen und gefragt werden, ob diese in modifizierter Form (welche?) auf Deutschland übertragen werden sollten, da hierzulande in Umfragen ein Großteil der Bevölkerung aktive Euthanasie nach dem Vorbild der Niederlande befürworten würde.

4.1.5 Theologische Positionen zum Umgang mit dem Tod

Die theologischen Positionen gehen zunächst von biblischen Aussagen über Sterben und Tod aus und umfassen Stellungnahmen beider christlicher Kirchen. Sie können exemplarisch zur Erarbeitung eines christlichen Standpunktes herangezogen werden.

M 1 widmet sich in kurzen Zügen der Entstehung und Entwicklung des Bildes der Selbsttötung in der Geschichte des Christentums.

Die wichtigsten Aspekte aus M 1

- Schlussfolgerung aus den Schöpfungserzählungen: Der Mensch wurde von Gott erschaffen und unterliegt damit der göttlichen Verfügungsgewalt (Z. 1–8).
- Das daraus resultierende Tötungsverbot erstreckt sich auf die Fremd- und Selbsttötung (Z. 5–8), wobei die Selbsttötung als Ausdruck eines verwirkten Lebens gedeutete wurde (Bsp. Judas) (Z. 9–23).
- Aus diesem Verständnis der Selbsttötung heraus wurde im Laufe der Zeit die Selbsttötung generell verurteilt (z. B. durch Augustin und Thomas v. Aquin) und als Sünde z. B. dadurch bestraft, dass dem Selbst‚mörder' ein christliches Begräbnis nicht zugestanden wurde (Z. 24–40).
- Generell ist festzuhalten, dass mit dem Fremdtötungsverbot auch die aktive Euthanasie und der ärztlich attestierte Suizid ausgeschlossen sind (Z. 41–46) und der Anspruch der Nachfolge Christi eine besondere Zuwendung im Sinne der Nächstenliebe die Fremdtötung per se ausschließt (Z. 47–50).

M 2 führt zahlreiche biblische Belege im Wortfeld von Tod und Sterben und die Frage nach der Sinnhaftigkeit des Lebens angesichts des Todes an.
Im **Arbeitsauftrag 1** (Seite 53) sollen die S mithilfe einer Mindmap die biblischen Bezüge grafisch gliedern. Eigene Kenntnisse/Bezugsstellen können in Ergänzung zu M 2 selbstverständlich integriert werden (z. B. Zehn Gebote).

Arbeitsauftrag 2 wählt einen kreativen Zugang, in dem ein persönlich ansprechender Bibelvers mithilfe eines Wandplakats visualisiert wird.

Die wichtigsten Aspekte aus M 2, gegliedert nach den biblischen Belegen:

Altes Testament

- Gen 2,19:
  - Begrenztheit des Lebens
  - Lebenszeit wird von Gott bemessen
- Psalmen (z. B. Psalm 90,7 f.):
  - begründen Vergänglichkeit in unserer Entfremdung von Gott, wobei der Mensch dies weder nachprüfen noch aufrechnen kann
  - für Israel beginnt der Tod bereits mit Krankheit, Leiden, Anfeindung etc. mitten im Leben, da sie den Menschen entscheidend schwächen und ihn von Gott wegbringen
  - Gott ist der Herr über Leben und Tod
  - Tod wird aber auch nivelliert, es gibt ein Leben nach dem Tod, in dem eine Gemeinschaft mit Gott besteht (Vorstellung einer Auferstehung der Toten)
- Evangelien:
  - Gott ist ein Gott der Lebenden, nicht der Toten (Mk 12,27)
  - Anbruch/Kommen des Reiches Gottes gibt den Menschen Kraft, auch angesichts des Todes ihre Mitmenschen zu begleiten (Emmausgeschichte: Lk 24,13–24)
- Paulusbriefe:
  - Tod ist kein Naturvorgang, sondern der Lohn der Sünde (theologischer Tod) (Röm 6,23)
  - Tod als Konsequenz unserer willentlichen Lossagung von Gott
  - Tod als Gnade (Sterben, Tod und Auferstehung Jesu, Sühne für unsere Sünden)
  - Tod als Begegnung mit Gott: Vorstellung des Gerichts, bei dem wir Verantwortung übernehmen müssen (2. Kor 5,10)
- Offenbarung des Johannes:
  - Sieg über den Tod als Beginn eines neuen Zeitalters

In M 3 begegnen die S einer Stellungnahme der EKD zur Sterbehilfe.

Die wichtigsten Aspekte aus M 3

- Der Tod eines Menschen darf nicht herbeigeführt werden, sondern ist abzuwarten (Z. 1 f.).
- Wie die Geburt ist auch der Tod ein Geschick des Menschen und liegt in Gottes Hand (Z. 4 f.).
- Die Schöpfungsaufgabe des Menschen schließt jedoch auch eine Gestaltungsmöglichkeit des Lebensendes mit ein, allerdings sind Freiheit und Selbstbestimmung keine absoluten Werte, sondern stets in Abhängigkeit zu sehen (Z. 6 ff.).
- Gott bestimmt allen Dingen ihre Zeit, auch dem Sterben (Z. 17 ff.).
- Der Mensch hat die Aufgabe, die Zeit zu erkennen und sich in seinem Leben und Handeln darauf einzustellen (Z. 19 ff.).

M 4 ist eine gemeinsame Erklärung der beiden christlichen Kirchen in Deutschland.

Die wichtigsten Aspekte aus M 4

a) Von der Würde des Sterbenden
- Angst vor dem Sterben kann überwunden werden und kann zu einem friedlichen Sterben werden.
- Im Umgang mit dem Sterbenden ist fundamentaler Respekt vor der Person des Sterbenden zu gewährleisten, dazu zählen Selbstbestimmung, Abstimmung/Ablehnung von medizinischen und pflegerischen Maßnahmen, Sterbewunsch/-weise.

b) Die Unverfügbarkeit des anderen
- Die Unantastbarkeit der Person und Respektierung der Autonomie müssen eine Instrumentalisierung des Sterbenden verhindern.
- Leben und Tod dürfen nicht durch Dritte verfügt werden.

e) Tötung auf Verlangen beim Todkranken
- Eingrenzung/Beschränkung auf den artikulationsfähigen, bewussten Patienten in der terminalen Krankheitsphase in der nachfolgenden Betrachtung.
- Ein Verzweifelter braucht intensive Zuwendung, um zu erfahren, dass sein Leben auch im Leiden sinnhaft ist.
- Ein euthanasierender Arzt gerät in Konflikt mit seinem Standesethos und gefährdet (selbst wenn er aus Mitleid handelt) das Vertrauensverhältnis zwischen Arzt und Patient; ähnlich wie manchen Angehörigen könnte es die Ohnmacht des Arztes angesichts eines langsamen Todes sein, die ihn das Sterben Dritter nicht aushalten lässt.

f) Sterbebegleitung
- Begleitung wird durch elementare Handreichungen und tröstenden Zuspruch selbstverständlich im Familienkreis praktiziert und sollte auch in der professionellen Krankenbetreuung stärker eingeübt und praktiziert werden.
- Wichtige Anregungen finden sich in der Hospizbewegung.

g) Mutmachen zum Leben
- Annahme des Lebens als lebenswert und sinnvoll, auch unter den sich abzeichnenden Einschränkungen;
- Bewusstsein, dass das Leben von Gott gewollt und gesegnet ist/war.

M 5 und **M 6** stellen zwei aktuelle Stellungnahmen hoher kirchlicher Vertreter zur aktiven Sterbehilfe dar.

Die wichtigsten Aspekte aus M 5

- Sterben in Würde bedeutet nicht, die Autonomie eines Dritten durch Fremdbestimmung zu übergehen, dies gilt insbesondere für die Aufgaben des Arztes, eine ärztliche Mitwirkung bei der Selbsttötung wird abgelehnt.
- Folgende Alternativen zur aktiven Sterbehilfe werden aufgezeigt, die einen Tötungswunsch im Voraus vereiteln:
  - Patientenverfügungen mit Vorsorgevollmachten,
  - Weiterentwicklung und Ausbau der Palliativmedizin,
  - Einbezug der Impulse und Erfahrungen der Hospizarbeit.

Die wichtigsten Aspekte aus M 6

- Papst Benedikt XVI. verurteilt die aktive Sterbehilfe in Einklang mit der katholischen Lehre und Tradition.
- Er warnt vor einem utilitaristisch geprägten Menschenbild, durch welches besonders Schwache unter Druck geraten können, wenn sie sich als unproduktiv und unwirtschaftlich sehen.
- Der Papst fordert neben angemessenen medizinischen Leistungen für die Patienten auch Unterstützung für die Angehörigen.

M 7, eine Predigt zum Totensonntag, greift auf die Seligpreisungen der Bergpredigt zurück.

Die wichtigsten Aspekte aus M 7

- Viele Trauernde machen neben der Verlusterfahrung auch Erfahrungen von Trost und Hilfe.
- Die Seligpreisung der Trauernden preist nicht die Trauer an sich, sondern zeigt sich in der Offenheit für Trost, Vertrauen und Liebe, für die man besonders in Grenzsituationen empfänglich ist und die auch eine neue Chance bieten.
- Gültigkeit des Lebens auch angesichts herber Verluste als Ahnung der Vergänglichkeit geben Trost und eine Ahnung der Ewigkeit.

Arbeitsauftrag 3 *(Seite 53) schließt das Thema ‚Sterbehilfe' mit einer Podiumsdiskussion ab, in der die S unterschiedliche, vorher zu losende Rollen übernehmen sollen. Dabei kann es durchaus reizvoll sein, auch eine fremde Rolle zu spielen, dies sollte aber in einer abschließenden Gesprächsrunde reflektiert und die Möglichkeit zur persönlichen Stellungnahme geboten werden.*

Arbeitsauftrag 4 (Seite 53) verweist zurück auf die Seligpreisungen der Bergpredigt, die ergänzend zu **M 7** gelesen werden sollten, sofern dies noch nicht geschehen ist.

4.2 Organspende

Das Thema Organspende ist zurzeit in den Medien sehr präsent und schließt u. U. die Diskrepanz zwischen dem Thema ‚Euthanasie'/‚Sterbehilfe' und dem Bezug zur Lebenswelt der Schüler.
In den Medien stand das Thema Organspende v. a. durch den Skandal um die manipulierten Empfängerlisten an nahezu allen großen Transplantationszentren im Fokus.
Um den Auswirkungen der negativen Publicity entgegenzuwirken und die Spendenbereitschaft in der Bevölkerung insgesamt zu erhöhen, hat die Bundesregierung 2013 eine Offensive gestartet, um potenzielle Organspender zu gewinnen. Inzwischen sind über die Krankenkassen Organspendeausweise zusammen mit werbenden Informationen an nahezu jeden Bürger ab 16 Jahren versandt worden. Durch die direkte Konfrontation mit den Organspendeausweisen erhoffen sich die Initiatoren eine deutlich niedrigere Hemmschwelle hinsichtlich einer möglichen Zustimmung.
Kritisch anzumerken ist jedoch, dass keine umfassende Aufklärung geleistet wird. So spiegelt sich die inzwischen sogar von zahlreichen Medizinern geäußerte Kritik an der derzeitigen Explantationspraxis, die sich auf das Hirntodkriterium beruft, nicht in den Informationen wider, die der Bevölkerung zusammen mit den Organspendeausweisen ausgehändigt werden. Auch auf den Organspendeausweisen wird die allgemeine Formulierung („nach meinem Tod") verwendet, die den Ganztod suggeriert, aber ausdrücklich nicht auf den Hirntod und die kritische Diskussion um denselben rekurriert.
Welche Wirkung damit erzielt wird, zeigt sich an den Vorstellungen, die S mit der Organentnahme verbinden. Befragt man S nach ihren Vorstellungen (vor allem diejenigen, die sich bereits zum Organspender erklärt haben), erfährt man, dass sie fast ausnahmslos selbstverständlich davon ausgegangen sind, dass sie bereits „ganz tot" und damit empfindungslos seien, bevor ihnen Organe entnommen würden. Eine weitere sehr häufig anzutreffende Vorstellung ist, dass ihnen ja Organe entnommen würden, die sie – da sie ja schon gestorben seien – wirklich nicht mehr brauchen würden und daher auf sie verzichten könnten. Ebenso selbstverständlich scheint den S, dass sie davon ausgehen, dass sie als Organspender im Beisein ihrer Angehörigen sterben können und die Organentnahme unmittelbar nach Todeseintritt (dann aber sehr schnell) vollzogen werde.
Dass Organe aber keinem Toten, sondern einem Sterbenden entnommen werden und dieser Vorgang der Entnahme lebensnotwendiger Organe dann zum Tod auf dem Operationstisch führt, ist den Schülern weitgehend unbekannt.

Daher muss eine Unterrichtseinheit, die sich mit ethischen Fragen auseinandersetzt, die Schüler auch umfassend aufklären und sie damit in die Lage versetzen, sich selbstverantwortlich zu entscheiden. In diesem Kapitel wird folglich auch der Diskussion um den Hirntod der notwendige Raum zur

Verfügung gestellt, auch kommen Kritiker der Organspende zu Wort, deren Position in der derzeitigen medialen Darstellung deutlich zu kurz kommt.

Als Einführung in das Thema finden die S auf Seite 54 f. drei Kunstwerke eines Wettbewerbs zum Thema Organspende, die bis Ende 2011 in einer Wanderausstellung mit dem doppelsinnigen Titel „by heart – dein Herz entscheidet" gezeigt wurden.

M 1, zwei Fotoarbeiten des Künstlers Wolf Schwarz, zeigt mit dem Titel „Best.-Nr. 51-10" und „Best.-Nr. 51-18" zwei 1994 entstandene, digital überarbeitete und laminierte SW-Fotografien.
Der Titel lässt sich vor dem Hintergund der Explantationspraxis erläutern: Mit der Freigabe der Organe erhält jedes Spenderorgan eine laufende Nummer, mit der es bei der DSO/Eurotransplant gelistet und verwaltet wird. So wird der Spender in die ‚Summe seiner Ersatzteile' zergliedert.

Die wichtigsten Aspekte aus M 1

- Das Bild Best.-Nr. 51-10 zeigt einen geöffneten Frauentorso (Modellpuppe), dem bereits die Lungenflügel und das Herz entnommen wurden.
- Zwei Hände entfernen gerade die Gedärme, der Blick fällt auf die freiliegenden Nieren, ebenfalls ein begehrtes Spenderorgan.
- Der Kopf ist abgetrennt und steht neben dem Torso.
- Im Ausstellungskatalog wird zudem auf die Diskrepanz zwischen den glatten Formen der Modellorgane und den reellen Händen eines Menschen hingewiesen, was verdeutlicht, dass der Mensch als ‚Wunderwerk' mehr ist als die Summe seiner Einzelteile und er überdies individuell ist.
- Das Bild Best.-Nr. 51-18 zeigt im Hintergrund den nun liegenden, z.T. wieder geschlossenen Torso (Rippen und Därme sind wieder eingesetzt), im Vordergrund liegen ‚brauchbare' Organe, z.B. Lungen, Herz, Leber (?), im Mittelgrund und durch die Ausleuchtung im Zentrum des Bildes der zur Hälfte geöffnete Kopf des Torsos.
- Die nahezu unversehrte Gesichtshälfte zeigt das geschlossene Auge (Schlaf/Tod?), unverletzte Haut und Haare, der anderen, sezierten Gesichtshälfte fehlt das Gehirn, das seitlich des Kopfes abgelegt ist, ebenso Teile des Unterkiefers, das Auge ist geöffnet.
- Das versehrte Gesicht wirkt zerstört, gestört bzw. fragil.

M 2, das zudem das Titelbild des Ausstellungskataloges ist, zeigt das christliche Symbol „Herz Jesu".

Die wichtigsten Aspekte aus M 2

- Auf blauem, gekacheltem Hintergrund prangt leuchtend rot ein Herz, das am linken unteren Rand Blutstropfen verliert.
- Gekennzeichnet durch die goldenen Flammen und den Dornenkranz handelt es sich um das christliche Symbol „Herz Jesu", das v.a. in der katholischen Spiritualität und der Volksfrömmigkeit bis ins 19. Jh. weit verbreitet war und in der ursprünglichen Interpretation das menschliche Herz Jesu als Ort der göttlichen Liebe zeigt.
- Die aus dem Herz schlagenden goldenen Flammen symbolisieren die göttliche Liebe.
- Das Herz wird durch den Dornenkranz (hier durch echte Rosendornen) gehalten, das auf das Leiden und den Opfertod Christi in der Passion weist, und als Quelle der Sakramente der Kirche gilt.
- Der Künstler schreibt dazu selber im Ausstellungskatalog, er halte das Symbol ‚Herz Jesu' „für das Symbol der ersten und größten *Organspende* der Menschheit und denke, dass es die Pflicht jedes Christen wäre, Jesus in dieser Hinsicht nachzufolgen" (Ausstellungskatalog, Seite 62).

M 3 zeigt ein Triptychon. Sacherläuterungen zum Triptychon und zur Arbeit der Künstlerin Elke Dannenhaus finden sich als Anmerkungen unter M 3 im Arbeitsheft.

Die wichtigsten Aspekte aus M 3

- In geschlossenem Zustand zeigt das Triptychon je eine Stellungnahme pro bzw. kontra Organspende.
  - <u>Pro</u>: „Ich bin für die Organspende nach dem Tode und trage deshalb immer einen Organspendeausweis bei mir. Für mich ist das selbstverständlich, denn aufgrund meines Berufes weiß ich, wie sehr Tausende von Patienten auf eine Organverpflanzung hoffen. Außerdem schließen die für den Fall der Organentnahme vorgeschriebenen Untersuchungen durch unabhängige Ärzte (in der Regel Neurologen oder Neurochirurgen, die an der Organentnahme und -transplantation nicht beteiligt sind) jeden vernünftigen Zweifel an der Diagnose Hirntod aus. (Dr. Klaus Ketzler, Deutsche Stiftung für Organtransplantation)
  - <u>Kontra</u>: „Ich bin weder bereit, mir ein fremdes Organ einpflanzen noch mir während meines Sterbens ein Organ entnehmen zu lassen. Denn ich bestreite das Dogma der Transplantationsmedizin, dass Hirntote tot sind. Sie sind Sterbende und jede Organentnahme ist ein Eingriff ins Sterben. Wer Leben bewahren will, muss daher auch das Recht der Menschen darauf, in ihrem eigenen Leib zu Ende sterben zu dürfen, schützen. Wer dieses Recht missachtet, verletzt deshalb die Grundlagen der Humanität." (Prof. Klaus-Peter Jörns, ev. Theologe)

- Neben den ‚prominenten' Stellungnahmen zeigt das Triptychon im aufgeklappten Zustand Collagen von Zeitungsartikeln, Grafiken und Berichten, die sich mit dem Thema Organspende auseinandersetzen.
- Im Inneren des Triptychons ist die persönliche Auseinandersetzung der Organempfänger durch handgeschriebene Briefe, deren Inhalt der Internetseite www.dankdemorganspender.de entnommen wurde.

Arbeitsauftrag 1 (Seite 55) regt die S dazu an, sich eines der Materialien M 1 bis M 3 auszuwählen und dazu für Mitschüler (!) einen interpretierenden Begleittext zu schreiben. Dieser soll sich an die These der Kuratorin (‚den Blick auf das Wesentliche lenken, vorurteilsfreier Blick, Ingangsetzen von Denkprozessen') orientieren.

Arbeitsauftrag 2 (Seite 55) soll den S Klarheit über ihr Vorwissen bzw. das Vorwissen ihrer Mitschüler/Mitmenschen bringen. Insbesondere angesichts der Initiativen in der Öffentlichkeit müsste man annehmen, dass sich viele Menschen mit dem Thema bereits auseinandergesetzt haben. Mögliche Impulse für Fragestellungen sind bereits vorgeschlagen worden, können jedoch verändert und/oder ergänzt werden.
In **Arbeitsauftrag 1** der Folgeseite (Seite 57) werden mögliche Informationsquellen (Internetseiten) benannt.
Sinnvoll ist es sicherlich zunächst einmal, innerhalb des Kurses diese Umfrage durchzuführen (oder in Einzelarbeit S die Fragen für sich selbst beantworten zu lassen) und im Anschluss zu reflektieren, was S sicher wissen bzw. nicht wissen.

4.2.1 Die postmortale Organspende

Da die Lebendspende in Deutschland nur unter engen Voraussetzungen möglich ist, wird im Folgenden immer auf die postmortale Spende abgehoben.

Arbeitsauftrag 1 (Seite 57) greift die auf der im Arbeitsheft vorhergehenden Doppelseite gestellte Aufgabe der Umfrage auf und liefert mögliche Internetseiten, die als Informationsquellen genutzt werden können.

M 1 bildet die Vorder- und Rückseite des Organspendeausweises ab, der allen Krankenkassenmitgliedern in regelmäßigen Abständen zugeht.

Die wichtigsten Aspekte aus M 1

- Die deutsche erweiterte Zustimmungslösung gibt grundsätzlich drei Entscheidungsmöglichkeiten:
  - Zustimmung zur Entnahme von Organen/Gewebe
  - Widerspruch zur Entnahme von Organen/Gewebe
  - Delegierung der Entscheidung an Verwandte
- Bei der Zustimmung werden drei weitere Varianten angegeben:
  - Zustimmung zur Entnahme von Organen/Gewebe ohne jede Einschränkung
  - Zustimmung zur Entnahme, jedoch Ausschluss bestimmter Organe/Gewebe (bei vielen: Augen bzw. Hornhaut der Augen)
  - Zustimmung zur Entnahme von nur bestimmten Organen/Geweben
- Wie bereits im Einführungstext (Lehrerband Seite 41) angegeben, wird die Phrase „Für den Fall, *dass nach meinem Tod* eine Spende von Organen/Geweben in Frage kommt [...]" durch die allgemeine Bezeichnung „Tod" häufig mit dem Ganztod gleichgesetzt; korrekt wäre in diesem Zusammenhang die Bezeichnung „Hirntod" zu verwenden (vgl. dazu den ausführlichen Einleitungstext zum Kapitel „Organspende" im Lehrerband und **Arbeitsauftrag 4**, Seite 57).

Arbeitsauftrag 2 (Seite 57) fordert die S zur Auseinandersetzung mit der erweiterten Zustimmungslösung auf, indem Vor- und Nachteile der derzeitigen Lösung einander gegenübergestellt werden sollen.

Arbeitsauftrag 3 (Seite 57) zeigt auf, dass die Mehrheit der europäischen Länder die Widerspruchsregelung praktiziert. Mögliche Ergebnisse sind in der folgenden Tabelle zusammengefasst:

(erweiterte) Zustimmungslösung	Widerspruchslösung
• Patient kann der Entnahme zustimmen oder ihr widersprechen	• grundsätzlich wird die Organentnahme nach Diagnose des (Hirn-)Todes vorgenommen, es sei denn, der Patient hat zu Lebzeiten dem schriftlich widersprochen und sich z. B. dafür in einem Zentralregister registrieren lassen
• Patient kann auch einen Dritten bestimmen (Angehöriger), der im Falle der Nichtäußerungsfähigkeit an seiner Statt bestimmt	• postmortaler Widerspruch durch Dritte ist unzulässig
Vorteile: • unkomplizierte Selbstbestimmung des Betroffenen • Meinungsänderungen sind durch Neu-Ausfüllen des Organspendeausweises leicht zu dokumentieren	*Vorteile:* • höhere Verfügbarkeit von Spenderorganen • zentrale Registrierung von Widersprüchen gegen die Organentnahme (Erleichterung des Ablaufs, Verkürzung)
Nachteile: • viele Menschen tragen den Organspendeausweis u. U. nicht mit sich • viele Menschen haben sich zu Lebzeiten nicht mit der Organspendebereitschaft auseinandergesetzt, haben die Auseinandersetzung verdrängt	*Nachteile:* • Menschen müssen ihr Recht auf ungestörtes Sterben im eigenen Körper durch zentrale Registrierung einfordern/sichern • Meinungswechsel sind u. U. umständlicher zu dokumentieren

(erweiterte) Zustimmungslösung	**Widerspruchslösung**
• Angehörige sehen sich in einer Ausnahmesituation u. U. zusätzlich mit einer Entscheidung, die auch sehr kurzfristig passieren muss, überfordert/unter Druck gesetzt • keine zentrale Registrierung	
gilt in*: • Dänemark • Deutschland • Großbritannien • Litauen • Niederlande • Rumänien	gilt in*: • Belgien • Bulgarien • Estland • Finnland • Frankreich • Griechenland • Irland • Italien • Kroatien • Lettland • Luxemburg • Norwegen • Österreich • Portugal • Schweden • Slowenien • Slowakei • Spanien • Tschechien • Türkei • Ungarn • Zypern

* Stand 2011, Quelle: organspende-info.de

Die Widerspruchslösung gilt übrigens auch für deutsche Touristen, die im jeweiligen Land Urlaub machen; d.h. ohne Organspendeausweis, den es für die jeweilige Landessprache auch online in entsprechenden Übersetzungen gibt, wird auch bei ausländischen Touristen eine Organentnahme vorgenommen, sofern kein dokumentierter Widerspruch vorliegt. In manchen Urlaubsländern wie Spanien gilt auch Herzstillstand als Indikator für die unwiederbringliche Schädigung des Gehirns und damit als Voraussetzung für die Organentnahme.

Arbeitsauftrag 4 (Seite 57) greift die Formulierung „nach meinem Tod" im Organspendeausweis auf und macht das Verständnis dieser Formulierung für S plastisch, die praktische Beispiele zur Erläuterung dieser Formulierung anführen sollen. Denkbar wären: Tod nach Herzstillstand/Herzinfarkt; Tod als Unfallfolge usw.
Wichtig wäre, die Vorstellung von Ganztod und Hirntod angemessen zu differenzieren.

M 2 listet eine Reihe von Zahlen und Fakten zum Thema Organspende auf, die als Denkanregungen fungieren können.

Die wichtigsten Aspekte aus M 2

- Es gibt keine Altersgrenze für Spenderorgane.
- Die erweiterte Zustimmungslösung kann auch eine Belastung für Angehörige darstellen.
- Organspende ermöglicht ein Weiterleben.
- Es bestehen lange Wartezeiten auf ein Spenderorgan; viele Menschen warten vergeblich auf ein Spenderorgan.
- Diskrepanz zwischen der Bereitschaft, ein Organ anzunehmen, und der Bereitschaft, ein Organ zu spenden.

M 3 stellt die Belastungen eines Chirurgen, der Organentnahmen durchführt, dem Wissen um das Helfen gegenüber.

Die wichtigsten Aspekte aus M 3

- Auch für den Chirurgen (und seine Kollegen) stellen Entnahme-Operationen zutiefst bewegende Ereignisse dar, die auch zu Belastungen führen, wie sie als posttraumatisches Belastungs-Syndrom aus anderen Zusammenhängen (Ersthelfer in Katastropheneinsätzen etc.) bekannt sind.
- Dem gegenüber stehen das Wissen, mit dem eigenen Handeln Schwerkranken zu helfen, Dankbarkeit gegenüber dem Spender und seinen Angehörigen.

M 4 nimmt Bezug zur erweiterten Zustimmungslösung.

Die wichtigsten Aspekte aus M 4

- Im europäischen Vergleich ist die Zahl der Organspenden pro Einwohner sehr niedrig (Z. 1–7), was zur Folge hat, dass aufgrund des Mangels an Spenderorganen jährlich 1000–1500 Todesfälle zu beklagen sind (Z. 7–11).
- Kreß benennt eine Reihe von Faktoren, die organisatorisch oder administrativ zu einer Verbesserung der Situation führen könnten (Z. 14–21):
  - Stärkung der Meldebereitschaft von Kliniken,
  - finanzieller Ausgleich für Aufwand, der mit der Hirntoddiagnostik und Organentnahme zulasten einer Klinik anfällt,
  - Stärkung der Stellung eines Transplantationsbeauftragten in Kliniken,
  - Schulung des Personals, das Gespräche mit den Angehörigen führt, wenn keine schriftliche Stellungnahme des Patienten vorliegt.
- Kreß stellt auf Dauer die erweiterte Zustimmungslösung infrage, da eigentlich die Bereitschaft der Bevölkerung zur Organspende hoch sei, praktisch jedoch nicht zwangsläufig ein Organspendeausweis ausgefüllt werde (Z. 21–34).

Auch der britische Bioethiker und Utilitarist John Harris möchte von einer Zustimmungslösung zu einer Widerspruchslösung gelangen, geht jedoch – wie M 5 zeigt – einen provokativen Weg.

Die wichtigsten Aspekte aus M 5

- Im Fokus von John Harris stehen klar die Lebenden, deshalb stellt sich für ihn auch nicht die Frage, was man für die Toten tun könne, sondern was die Toten für die Lebenden tun können (Z. 1–3).
- Harris fordert einen Paradigmenwechsel, der Tod solle als einzigartige Gelegenheit gesehen werden, den noch Lebenden alles Wertvolle des Körpers zu überlassen, da dies ja nicht zulasten einer Person gehe (Z. 3–9; Z. 14–22).
- Er schlussfolgert, dass aufgrund dieses Faktors jeder, der seine Organe nicht zur Verfügung stellen möchte, „völlig schäbig und manisch selbstsüchtig" sei (Z. 9–11).
- Harris deutet den Begriff der „Achtung der Toten" um: Achtung werde demjenigen entgegengebracht, der seine Organe selbstlos zur Verfügung stelle; durch den sozialen Druck erhofft sich Harris einen Wechsel von der Zustimmungs- zur Widerspruchslösung.

M 5 ist kein Arbeitsauftrag zugeordnet worden. Hier wäre entweder ein Vergleich mit M 4 denkbar, alternativ könnte auch eine begründete Stellungnahme zur Position von J. Harris erfolgen.

Im Fallbeispiel M 6 werden Schwierigkeiten angesichts einer gerechten Verteilung von Spenderorganen thematisiert.

Die wichtigsten Aspekte aus M 6

- Maio unterscheidet
  - Kriterien zur Aufnahme eines Patienten auf die Warteliste (z. B. schließt Alkoholismus einen Patienten von der Warteliste grundsätzlich aus),
  - Kriterien zur Verteilung der Organe.
- Im Fallbeispiel leidet ein junger Patient an Krampfanfällen, er kann weder selbstständig gehen noch sprechen, eine zusätzliche Nierenerkrankung führt in naher Zukunft dazu, dass er voraussichtlich zur Blutwäsche (Dialyse) muss, bis ein geeignetes Spenderorgan zur Verfügung steht.

Arbeitsauftrag 5 (Seite 57) fragt nach Kriterien, die eine Gerechtigkeit im Hinblick auf die Aufnahme von Patienten auf eine Warteliste wahren. Festzuhalten ist, dass es keine absolute Gerechtigkeit bei der Verteilung geben kann:

- Grundsätzlich wäre eine Gleichheit aller Patienten ohne Blick auf vorhandene Vorerkrankungen gerecht, da alle Menschen nach dem Grundgesetz gleich sind. Auch die Schöpfungsgeschichten betonen die Gleichheit der Menschen vor Gott.
- Allgemein können weitere einschränkende Kriterien benannt werden:
  - Vorerkrankungen des Patienten (z. B. Sucht) können dazu führen, dass Spenderorgane nicht gut angenommen werden bzw. dass in einem zeitlich kurzen Abstand ein neues Spenderorgan benötigt wird; ein gesunder Mensch könnte u. U. deutlich länger mit dem Spenderorgan leben, mit einem weiteren Spenderorgan könnte ein weiterer Empfänger ebenfalls eine längere Zeitspanne überleben usw.; der Einbezug von Vorerkrankungen wäre ein weiterer Faktor, um angesichts des Organmangels eine möglichst optimale ‚Nutzung' des Organs zu gewährleisten.
  - Ein weiteres Kriterium könnte die prognostizierte Lebenserwartung/Lebensqualität sein; stünden ein Jugendlicher und ein Greis als Empfänger zur Disposition, ist man geneigt, die Verteilung an den Jugendlichen als gerechter anzusehen, da dieser ‚sein Leben und viele Möglichkeiten noch vor sich hat', während dem Älteren bereits erheblich mehr Lebenszeit ‚vergönnt' war.
- Das Fallbeispiel kann als Dilemma angesehen werden, da der 13-Jährige noch eine große Lebenserwartung hat, man allerdings vorschnell angesichts der Entwicklungsverzögerung geneigt sein könnte, ihm eine geringere Lebensqualität zuzugestehen; hier wäre evtl. auch auf das ‚Trolley-Problem' von Philippa Foot rückzuverweisen (M 6, besonders aber M 7, Seite 14).

Arbeitsauftrag 6 (Seite 57) fragt nach Kriterien, die eine Gerechtigkeit im Hinblick auf die Verteilung der Organe wahren. Wie bereits in **Arbeitsauftrag 5** kann es auch bei der Verteilung keine absolute Gerechtigkeit geben. Denkbar wären folgende Aspekte, die berücksichtigt werden müssten:

- Grundsätzlich müssten diejenigen Patienten bevorzugt werden, deren Gewebemerkmale besonders gut zu denen des Spenders passen, damit überhaupt eine Chance besteht, dass das Organ mithilfe der Immunsuppressiva ‚angenommen' und nicht abgestoßen wird.
- Weiterhin sollte die Dringlichkeit des Falles berücksichtigt werden. Wenn das eigene kranke Organ noch nicht zu stark beschädigt ist, sind Empfänger, die nicht länger warten können und denen der Tod droht, vorzuziehen.
- Auch die bereits verstrichene Wartezeit auf ein Organ ist zu berücksichtigen.
- Finanzielle Aspekte dürfen bei der Verteilung der Organe keine Rolle spielen, so dürfen privat Versicherte nicht bevorzugt werden, auch darf es in der Verteilung nicht zu Bestechung o. Ä. kommen (vgl. mit der Berichterstattung zum Organspendenskandal und der gerichtlichen Aufarbeitung 2013).
- Auch könnte die familiäre Situation mitberücksichtigt werden; die alleinerziehende Mutter/der alleinerziehende Vater hätte demnach einen Vorzug gegenüber einer alleinstehenden Person bzw. einer Person, bei der nach utilitaristischer Abwägung das sekundäre Glück bzw. Leid niedriger ausfallen würde.

Arbeitsauftrag 7 (Seite 57) skizziert die Schwierigkeiten hinsichtlich des deutschen Organspendesystems:
Eine absolute Gerechtigkeit ist weder hinsichtlich der Aufnahme auf die Warteliste noch für die Verteilung der Organe möglich.
Zudem ist das System vor Manipulationen nicht sicher, da kriteriengestützt bestimmte Personen bevorzugt und andere zurückgestellt werden.
Von den Ärzten verlangt die Meldung und Einstufung der Patienten eine gewissenhafte Prüfung des vorliegenden Krankheitsbildes und das Zurückstellen eigener (finanzieller) Interessen oder der gesteuerten Progression der eigenen medizinischen Karriere. Dies kann, wie sich im letzten Organspendenskandal gezeigt hat, nicht garantiert werden.
Vor allem der Spendenskandal und das – zumindest in der Öffentlichkeit fehlende Schuldbewusstsein der betroffenen Ärzte – zeigen bis heute sehr negative Auswirkungen auf die Spendenbereitschaft in der Bevölkerung.

4.2.2 Das Hirntodkriterium in der Diskussion

Die aktuelle Diskussion um das Hirntodkriterium wird hier durch zwei Positionen vertreten.
Der Autorentext informiert vorab kurz über die Hirntod-Definition als irreversiblen Ausfall der Gesamtfunktion von Großhirn, Kleinhirn und Hirnstamm, wobei äußerlich kein Unterschied zum ‚normalen Komapatienten' festzustellen ist. Dies macht die Problematik der Gleichsetzung von Hirntod-Theorie mit dem Todeszeitpunkt aus, da die Hirntoten äußerlich lebendig wirken. Neben der Diskrepanz von äußerlich wahrnehmbaren Lebenskennzeichen bei medizinisch als ‚tot' diagnostizierten Menschen kommt verschärfend hinzu, dass viele Informationsmaterialien nicht trennscharf Hirntod und Ganztod differenzieren. Wenngleich keine böse Absicht unterstellt wird, nehmen die Organisationen, die pro Organspende informieren wollen, doch in Kauf, dass Hirntod und Ganztod begrifflich vermischt werden und für die potenziellen Spender, v. a. für diejenigen, die sich nicht mit medizinischem Spezialwissen auseinandersetzen, gleichgesetzt werden. So „suggeriert" die nebenstehende Grafik (Ablauf einer Organspende; Quelle: DSO) mit der später benutzten Bezeichnung „Verstorbene" den Ganztod (ähnlich wie die Formulierung „nach meinem Tod" auf dem Organspendeausweis).

In **M 1** wird der Hirntod als Theorie dargestellt, deren Deutung jedoch in der Praxis tiefgreifende Konsequenzen für den Umgang mit dem Patienten hat.

Die wichtigsten Aspekte aus M 1

- Rehder attestiert, dass der Hirntod – korrekt diagnostiziert – als ‚point of no return' einen unumkehrbaren Ausfall zentraler Steuerungsvorgänge im Gehirn darstellt, der nach derzeitigem medizinischen Stand eine Heilung bzw. ein Überleben unmöglich macht; Hirntote sind folglich dem Tod geweiht (Z. 5–16).
- Die Diskussion um den Hirntod ist bei ohnehin Todgeweihten aber nur scheinbar eine akademische, wenn man in den Fokus nicht die kurativen Eingriffsmöglichkeiten des Arztes nimmt, sondern den Blick auf das richtet, was im Umgang mit Hirntoten erlaubt wäre:
  - Wäre der Hirntote als tatsächlicher Tod des Menschen zu deuten, wäre eine Organentnahme bei einem Hirntoten die Entnahme von Organen aus einer noch „warmen Leiche" (Z. 29 f.).
  - Wäre der Hirntote als „künstlich beatmeter Sterbender" anzusehen, wäre eine Organentnahme die Todesursache in einem abrupt unterbrochenen Sterbeprozess (Z. 32 f.).

Interessant im Kontext der Frage, was bei Hirntoten „erlaubt" wäre, sind in diesem Zusammenhang auch die Ergebnisse der 2nd nationwide study (III) zur Euthanasie in den Niederlanden, **M 6** *auf Seite 49:*
Hier rangieren bei den Motiven der Ärzte zur absichtlichen Lebensbeendigung ohne Einholen des Patientenwillens an den ersten drei Stellen ausschließlich medizinische Motive:
- *keine Aussicht auf Besserung,*
- *weitere medizinische Therapien sinnlos,*
- *keine unnötige Lebensverlängerung.*

Arbeitsauftrag 2 (Seite 59) fokussiert die Konsequenzen, die sich aus der unterschiedlichen Deutung des Hirntodkriteriums ergeben. (Vgl. dazu die wichtigsten Aspekte aus **M 1**.)

In **M 2** wird der Hirntod als tatsächlicher Tod des Menschen bejaht.

Die wichtigsten Aspekte aus M 2

- Der Hirntod ist seit seiner Einführung als Todeskriterium umstritten, soll aber auch gar nicht den Tod in einem tieferen, metaphysischen oder religiösen Sinne umfassen, sondern dient als Kriterium zur medizinischen Feststellung des Lebensendes (Z. 1 f., Z. 15–22).
  - Intensivmedizinisch darf daher nach der Diagnose die künstliche Beatmung und Stabilisierung der Organfunktionen eingestellt werden.
  - Infolge gilt, dass auch Organe zugunsten der Lebensrettung Dritter entnommen werden dürfen.
- Kreß unterscheidet zwischen dem „Körper eines Toten" und einem „toten Körper" (Z. 35 f.); während es sich bei einem Hirntoten um den Körper eines Toten handle, sei sein Körper noch nicht tot, weil er wie ein Lebender wirke und deshalb Angehörige und das beteiligte medizinische Personal hinsichtlich des Umgangs mit dem Hirntoten emotional belaste.

♣ Die Frage, ob es sich beim Hirntoten noch um einen Lebenden handle und der Hirntod nur einen Einschnitt markiere (mit der Folge, dass eine Organentnahme folglich eine Tötungshandlung darstelle), wird vom Autor negativ beantwortet, da körperliche Reaktionen nicht mehr als aktives Handeln eines menschlichen Subjekts gelten könnten.

M 3 kritisiert das Hirntodkriterium als sichere Diagnose eines medizinischen Todes, indem die historische Entwicklung des Hirntodkriteriums nachgezeichnet wird.

Die wichtigsten Aspekte aus M 3

♣ Rehder stellt infrage, dass der Hirntod ein sicheres Todeskriterium ist, da regional unterschiedliche „Sets" von Kriterien jeweils den Anspruch haben, „sicher den Tod nachweisen zu können", sich aber z. T. erheblich widersprechen (v. a. Z. 12–21), als Beispiel nennt er die Reglosigkeit (vollkommene Areflexie) des Patienten (Z. 22–35), die z. T. ein ausschlaggebendes Kriterium war, z. T. aber auch keine Berücksichtigung findet.
  - (Als Bsp. sind auch in Europa unterschiedliche Sets zu finden: Während in GB und PL bereits der Ausfall des Stammhirns zur Hirntoddiagnose führt, gälte ein solcher Patient in D noch als lebendig.)

♣ Der Autor zeigt, dass die Kriterien heute weniger streng sind, als sie zur Einführung des Kriteriums 1968 galten. Als Beispiel nennt er das EEG als zunächst vorgeschriebene Untersuchung, die heute nicht mehr zwingend eingesetzt wird, obwohl dadurch noch bioelektrische Aktivität im Gehirn nachweisbar wäre; heutzutage würde v. a. auf Hirnstammfunktionen abgehoben und die Diagnostik damit reduziert.

♣ Rehder schließt aus der Entwicklung in der Hirntoddiagnostik, dass die Diagnosen unsicherer seien und u. U. eher als Prognosen angesehen werden müssten (Z. 60).

Arbeitsauftrag 1 (Seite 59) vergleicht die Positionen von Kreß und Rehder miteinander.
Interessante Vergleichsaspekte könnten sein:
- Wie wird das Hirntodkriterium bewertet?
- Wie wird der hirntote Patient nach der Diagnose angesehen?
- Welche Konsequenzen ergeben sich daraus für den Umgang mit hirntoten Patienten?

M 4 stammt aus einem Zeitungsinterview und stellt die derzeitige Transplantationsmedizin kritisch auf den Prüfstand.

Die wichtigsten Aspekte aus M 4

♣ Manzei berichtet aus eigener beruflicher Erfahrung auf der Intensivstation, dass sich Hirntote äußerlich in keiner Weise von ‚normalen Komapatienten' unterscheiden (z. B. gleiche Anforderungen an Pflege, zeigen Schmerzreaktionen, der Umgang mit diesen usw.) (Z. 1–21).

♣ Die Diagnose des Hirntodes erfolgt über einzelne Tests, bspw. die Prüfung der Reflexe. Beim Hirntod ändert sich das Erscheinungsbild über einen Testzeitraum von 12 bis 24 Stunden nicht (Z. 32–44).

♣ Für sie ist der Hirntote ein Sterbender, nicht tot (Z. 51 f.).

♣ Manzei stellt klar, dass Organe nur Lebenden entnommen werden können; so erklärt sie auch die Entstehung des Hirntodkriteriums im Jahr 1968 (zeitgleich zur ersten Herztransplantation): Das irreversible Koma, hervorgebracht durch die neuen Möglichkeiten der Intensivmedizin, sei als Todeszeitpunkt festgesetzt worden, um die Beschaffung von Organen für die boomende Transplantationsmedizin zu legitimieren (Z. 54–76).

♣ Widersprüche gegen diese Vorgehensweise habe es von philosophischer Seite bereits 1970 durch Hans Jonas gegeben; weitere Argumente seien erst sekundär als Folge auf Jonas' Kritik entstanden (z. B.: Hirntoter sei keine Person mehr; Gehirn als zentrales Organ des Menschen, bei dessen Ausfall kein funktionierendes Individuum mehr gegeben sei) (Z. 76–90).

♣ Zur Widerlegung dieser sekundär entstandenen Argumente führt Manzei Studien an, die einen unmittelbaren Zusammenhang zwischen Hirntod und Tod widerlegen (z. B. Hirntote können mit intensivmedizinischer Unterstützung noch lange weiterleben, können Kinder gebären). Zudem lassen sich mit neuen technischen Verfahren heute vielfach noch Hirnaktivitäten nachweisen.

♣ Fehlendes Bewusstsein bei möglicherweise noch nachweisbaren Hirnaktivitäten ist für Manzei kein Kriterium, um einen Patienten nicht mehr als Menschen zu betrachten; solange der menschliche Organismus noch Kennzeichen des Lebens trage (auch mit maschineller Unterstützung), sei er – wie ein Patient mit Herzschrittmacher – noch ein Lebender (Z. 114–125).

♣ Das Wissen um die Verbrechen im Namen der Medizin und die Euthanasie im Dritten Reich verhindern ihrer Ansicht nach in Deutschland eine offene Diskussion; würde ein Hirntoter als Sterbender angesehen werden, müsste Organentnahme als aktive Sterbehilfe verboten werden (Z. 136–146).

♣ Manzei kritisiert den unreflektierten Umgang und das Dogma der Alternativlosigkeit, das die Transplantationsmedizin umgibt:
  - Die Transplantationsmedizin schürte selbst den steigenden Bedarf an Organen, da inzwischen viele Patienten mehrfach transplantiert würden und die Altersgrenze deutlich gestiegen sei (Z. 147–168).

- Auch die größtmögliche Zahl freiwilliger Spender würde nicht ausreichen, alle Patienten auf Wartelisten mit entsprechenden Organen zu versorgen, da die Zahl der Hirntoten deswegen nicht zunehme, deren Zahl jährlich nur 4000–5000 betrage (Z. 180–187).

♣ Sie setzt sich dafür ein, die Bevölkerung angemessen aufzuklären, damit diese in die Lage versetzt wird, selbstbestimmt zu entscheiden (Z. 169–178) (Bsp. für schlechte Aufklärung: Patientenverfügungen, die der parallel dokumentierten Organspendebereitschaft widersprechen); Manzei fordert eine offene und ehrliche Diskussion über den Umgang mit Sterbenden, die nicht in Expertengremien gehöre, sondern öffentlich geführt werden müsse (Z. 203–209).

Arbeitsauftrag 1 (Seite 63) fordert die S dazu auf, unter dem Aspekt ‚Grauzone Hirntod' mögliche Argumente Manzeis herauszustellen.
Als mögliche Argumente, Hirntote als Sterbende zu sehen, sind zu nennen:

- Schmerzempfindlichkeit Hirntoter,
- Reaktionen und Umgang wie bei allen anderen Intensivpatienten,
- Ganztod erfolgt z. T. mit erheblicher zeitlicher Verzögerung (z. T. noch eigenständiges Atmen und Überleben von mehr als einer Woche nach dem Abschalten von z. B. künstlicher Beatmung); bei intensivmedizinisch gestützter Organfunktion ist ein Überleben von mehreren Jahren möglich,
- sukzessive ‚Aufweichung' der Hirntodkriterien parallel zu steigendem Bedarf an Spenderorganen,
- einseitig geführte Diskussion/Aufklärung um Organspende und Transplantationsmedizin.

In **Arbeitsauftrag 2** (Seite 63) soll ein Hirntoter mit einem LAWER-Patienten verglichen werden:

Hirntoter	LAWER-Patient
nicht artikulationsfähig	
nicht bei Bewusstsein	(z. T.) nicht bei Bewusstsein
dem Tod geweiht	Tod steht nicht zwingend bevor
keine kurativen Möglichkeiten von ärztlicher Seite	kurative Möglichkeiten häufig ausgeschöpft
Entscheidung wird – sofern keine schriftliche Einwilligung vorliegt – von Angehörigen getroffen	

In **Arbeitsauftrag 3** (Seite 63) sind mögliche Konsequenzen für diejenigen zu benennen, die an der Organspende unmittelbar ‚beteiligt' sind.

Ärzte:

- verursachen mit der Explantation den Tod des Menschen, da sie lebenswichtige Organe entnehmen,
- geraten mit der Tötungshandlung in Konflikt mit ihrem ärztlichen Berufsethos.

Organspender:

- sterben auf dem Operationstisch bei der Organentnahme, sind dabei aber aufgrund des Hirntodes nicht mehr artikulations- bzw. handlungsfähig,
- sie selbst (oder ihre Angehörigen) sind u. U. nur zum Teil oder fehlinformiert worden,
- v. a. Angehörige, die aufgrund fehlender Einwilligung des Patienten die Freigabe der Organentnahme gegeben haben, machen sich im Nachhinein z. T. schwere Vorwürfe.

Organempfänger:

- leben u. U. mit Schuldgefühlen, weil die Organentnahme den Tod des Menschen verursacht hat (manche Organempfänger haben auch bereits vor der Transplantation Schuldgefühle, weil sie auf den Tod eines anderen Menschen angewiesen sind),
- Schwierigkeiten der Annahme eines fremden Organs aufgrund von Schuldgefühlen.

M 5 schildert die Schwierigkeiten, die sich aus dem Mangel an Spenderorganen und der Betrachtungsweise des Menschen als ‚Ersatzteillager' in der Praxis ergeben. So ist im Fall der Dänin Carina Melchior anscheinend voreilig die Entscheidung der Angehörigen zur Organentnahme getroffen worden, obwohl Carina Melchior überlebensfähig war. Dieser Fall hat deswegen so hohe Wellen geschlagen, weil er durch ein Kamerateam zufällig begleitet und damit dokumentiert werden konnte.

Die wichtigsten Aspekte aus M 5

♣ korrekte Diagnose des Hirntodes in der Praxis wird in Zweifel gezogen:
  - Bsp.: Carina Melchior war schon zur Organentnahme freigegeben, als sie wieder selbstständig zu atmen begann und heute weitgehend wieder selbstständig leben kann.
  - Obwohl die Klinik bestreitet, Carina Melchior als hirntot diagnostiziert zu haben, wurde vor laufender Kamera die Frage nach den Organen gestellt und von den Eltern die Zustimmung eingeholt.

♣ Studien in Deutschland belegen ebenfalls Fehler bei der Diagnostik und Dokumentation, systematische Fehleranalysen oder eine standardisierte Ausbildung von Spezialistenteams zur Diagnostik gibt es hingegen in Deutschland noch nicht.

M 6 kritisiert mit Blick auf mögliches Schmerzempfinden des Organspenders während der Explantation die Art und Weise, wie Organe ‚gewonnen' werden, als unethisch.

Die wichtigsten Aspekte aus M 6

- Fuchs stellt heraus, dass es weder eine eindeutige Empfehlung der BÄK noch eine eindeutige gesetzliche Vorgabe zur Narkotisierung/Schmerzabwehr gibt (Z. 6–13).
- Der Verlautbarung der BÄK aus dem Jahr 2001, die ein Schmerzempfinden bei Hirntoten negiert, stellt Fuchs die körperlichen Reaktionen des Organspenders bei der Entnahme gegenüber (Blutdruckanstieg, Schwitzen, Abwehrbewegungen), die den Stress- bzw. Schmerzreaktionen Nichthirntoter gleichen; zudem geben Mediziner (hier: Prof. Lauchert, DSO) zu, dass kein Beleg existiere, der fehlendes Schmerzempfinden bei Hirntoten sicher bestätige (Z. 23–40).
- Fuchs kritisiert folglich das ungeregelte Verfahren bei der Organentnahme, ob Organspender narkotisiert werden, sei dem Zufall überlassen (Z. 40 f.).
- Dass Familienmitglieder über diesen Tatbestand nicht informiert werden, hält er für ein fragwürdiges Vorgehen, das dem Tatbestand der vorsätzlichen Täuschung entspreche.
- Die Art und Weise, wie die Organe entnommen werden, hält Fuchs für unethisch (Z. 50 ff.).

M 7 stellt dar, warum für die Aufklärungspflicht der Ärzte bei einer Organentnahme andere Maßstäbe gelten als für einen kurativen Eingriff:

Die wichtigsten Aspekte aus M 7

- Ärztliche Aufklärung sei nicht erforderlich, weil es sich bei der postmortalen Organspende nicht um einen Heileingriff handele, da der Patient ja nicht mehr lebe.
- Daher sei die fehlende Aufklärung auch keine Verletzung der körperlichen Integrität, weil kein Eingriff in das Selbstbestimmungsrecht dargestellt sei.
- Jeder sei verpflichtet, sich über die Organspende selbst zu informieren; eine Organspende sei durch die Zustimmung der Betroffenen zulässig, auch ohne dass diese über die Einzelheiten aufgeklärt worden seien.

Arbeitsauftrag 4 (Seite 63) versucht den kritischen Stimmen zur Organspende entsprechende Gegenargumente gegenüberzustellen.

Arbeitsauftrag 5 (Seite 63) fordert in einer Diskussion eine begründete Stellungnahme zur Frage, ob 16-Jährige bei Organspenden im Gegensatz zu kurativen Eingriffen selbstständig entscheiden dürfen.

Denkbar wäre,

- den Eingriff analog zu Lilie in M 7 als Gegensatz zu kurativen Eingriffen zu deuten, die eben keine Verletzung der körperlichen Integrität bedeuten und damit auch das Selbstbestimmungsrecht nicht tangieren. Hierbei muss aber die Frage gestellt werden, warum dann die Entscheidung schon an die 16-Jährigen delegiert wird.
- auf der anderen Seite kritisch anzufragen, ob 16-Jährige sich, wie in M 7 gefordert, umfassend selbst informieren, oder ob nicht in Kauf genommen wird, dass unzureichend aufgeklärte Jugendliche leicht einer Organspende zustimmen.

4.2.3 Kritische Stimmen zur derzeitigen Explantationspraxis

Auf dieser Doppelseite kommen zwei prominente Gegner der Transplantationsmedizin zu Wort: Roberto Rotondo, der u.a. als Sachverständiger für den Gutachterausschuss des Dt. Bundestages tätig war, und Renate Greinert, eine Mutter, die ihren verunglückten Sohn zur Organentnahme freigegeben hatte, ohne entsprechend aufgeklärt worden zu sein.
Da der Text M 1 sich mit den Erfahrungen des Operationsteams vor und nach der Explantation beschäftigt und kritische Aussagen der Pflegekräfte enthält, muss der Einsatz dieses Textes mit Blick auf die persönliche Situation und Verfassung der Kursteilnehmer abgestimmt sein. Hier empfiehlt sich, im Kurs durchaus zuvor abzufragen, ob in der Familie Organtransplantationen/Organspende bereits praktiziert wurden.

M 1 beschreibt aus der Sicht des Pflegepersonals und des Personals, das bei den Entnahme-OPs anwesend ist, die Schwierigkeiten und emotionalen Belastungen.

Die wichtigsten Aspekte aus M 1

- Rotondo stellt heraus, dass zwischen Hirntoten und Leichen ein wahrnehmbarer Unterschied bestehe (Z. 7–27).
- Zudem sei auch bei Hirntoten – wissenschaftlich belegt – der gesamte Ausfall der Gehirnfunktionen nicht nachweisbar (Z. 28–39).
- Im Folgenden stellt Rotondo dem ‚normalen' Sterben eines Hirntoten nach Einstellung der künstlichen Beatmung mit Sterbebegleitung ein Sterben während der Organentnahme gegenüber:
  - Das normale/natürliche Sterben ermöglicht eine Sterbebegleitung durch Angehörige und Freunde bzw. das Pflegepersonal, welches Rotondo als würdiges Sterben bewertet.
  - Beim natürlichen Sterben werden keine weiteren Untersuchungen/Eingriffe/Forschung etc. vorgenommen.
  - Im Gegensatz dazu ist bei der Organentnahme würdiges Sterben nicht möglich; Rotondo bezweifelt, dass sich durch den Vorgang der Organentnahme dies überhaupt praktisch umsetzen lässt und verweist dazu auf Aussagen Beteiligter, die Befürworter der Organtransplantationen, aber dennoch mit der Durchführung der Entnahmeoperationen emotional belastet sind.

M 2 gibt einen Auszug aus einem Bericht Renate Greinerts wieder, der im Rahmen der KAO veröffentlicht wurde.

Die wichtigsten Aspekte aus M 2

- Greinert vergleicht die Transplantationsmedizin mit modernem, jedoch anonymisierten Kannibalismus (Z. 1–6).
- Im Fall ihres zur Organspende freigegebenen Sohnes beschreibt Greinert die Schwierigkeit, den als hirntot diagnostizierten Sohn als Toten anzuerkennen, und verbindet die nach der Explantation gesehenen sterblichen Überreste ihres Sohnes mit dem Bild eines ausgeschlachteten Autos (Z. 7–16).
- Entgegen der Einwilligung der Spende eines einzelnen Organs ist eine Multiorganentnahme vorgenommen worden (Z. 16–21).
- Sie beklagt, wie viele andere Eltern, nicht angemessen über den Eingriff aufgeklärt worden zu sein, was in der Folge zu heftigen Schuldgefühlen geführt habe; besonders grausam sei für Eltern die Vorstellung, dass u. U. noch (Schmerz-)Empfindungen bei ihren hirntoten Kindern möglich gewesen seien (Z. 22–39).
- Greinert stellt fest, dass durch die Angst vor dem eigenen Tod nur die Perspektive des Organempfängers eingenommen werde, der Organspender hingegen zu wenig bedacht werde (Z. 40–42).
- Sie fordert eine gesellschaftliche Akzeptanz des Sterbens, eine Überwindung des Egoismus auf Kosten der anderen, der aus Organspendern Lieferanten für Einzelteile macht (Z. 43–52).

Arbeitsauftrag 1 (Seite 65) soll analog zu M 2 auf Seite 56 eine Gegendarstellung erarbeiten. Die Aufgabenstellung erweiternd können auch Argumente aus der Diskussion um den Hirntod einbezogen werden.

Mögliche Antworten wären:
Wussten Sie schon,
- … dass Hirntote Sterbende sind?
- … dass auch bei Hirntoten der gesamte Ausfall der Hirnfunktionen nicht wissenschaftlich nachweisbar ist?
- … dass Hirntote äußerlich von ‚normalen Komapatienten' nicht zu unterscheiden sind?
- … dass der Patient während der Organentnahme verstirbt und dass die Angehörigen als Sterbebegleitung währenddessen nicht bei ihm sein können?
- … dass ein Schmerzempfinden der Hirntoten nicht mit Sicherheit ausgeschlossen werden kann?
- … dass eine umfassende Aufklärung bei Organentnahmen nicht zwingend vorgeschrieben ist?
- … dass u. U. Angehörige nach der Entnahme unter starken Schuldgefühlen leiden?

4.2.4 Wie entscheiden Sie?

M 1 zeigt anhand eines realen Fallbeispiels auf, wie problematisch sich in der Praxis eine seelsorgerliche Beratung gestalten kann.

Die wichtigsten Aspekte aus M 1

- Im Fallbeispiel werden zwei Patienten vorgestellt:
  - ein 42-jähriger Familienvater mit Leberzirrhose als Folge einer Hepatitis-Infektion, der auf eine Lebertransplantation wartet und zu sterben droht,
  - Herr H., 52 Jahre alt, bei dem eine Hirntoddiagnose zur Vorbereitung einer Organtransplantation vorgenommen werden soll; der Seelsorger soll die anwesenden Angehörigen und den Freund des Patienten bzgl. der Organentnahme beraten.
- Im Beratungsgespräch stellt sich heraus, dass die Familie uneinig ist: Während die Ehefrau die Entnahme des Herzens verweigert, würde die Tochter zustimmen.
- Die Familie erhält vom Seelsorger (!) Informationen über den Ablauf einer Organspende.
- Die Familie zeigt sich sehr betroffen, als sie mit den Fakten konfrontiert wird.
- Der Seelsorger denkt parallel an den 42-jährigen Familienvater, der dringend ein Spenderorgan benötigt und der – bei übereinstimmenden Gewebemerkmalen – sicherlich die Leber des hirntoten Herrn H. erhalten würde.

Arbeitsauftrag 1 (Seite 67) fordert die S zu einer kritischen Diskussion darüber auf, wie sich der Krankenhausseelsorger als Berater verhalten sollte. Interessant ist hier der Aspekt, dass der Klinikpfarrer als *Seelsorger* beratend tätig wird, dass es ihm – im Gegensatz zum medizinischen Personal – primär nicht um ‚Eingreifen zugunsten des evtl. noch zu rettenden Patienten gehen' muss, sondern dass die Hinterbliebenen von Herrn H. in dieser Funktion fokussiert werden.

M 2 stellt mit Bezug auf die Forderungen von John Harris (vgl. M 5, Seite 57) unter dem Aspekt ‚Gerechte Verteilung' drastische Schlussfolgerungen im Hinblick auf die Organspende, die an den US-Science-Fiction ‚Soylent Green' (Deutscher Titel: „… Jahr 2022 … die überleben wollen") erinnern.

Die wichtigsten Aspekte aus M 2

- Organe lebender Personen sind lebenswichtige Gesundheits-Ressourcen.
- Diese müssen gerecht verteilt werden.
- In der Konsequenz sollen alte Menschen getötet werden, um jüngeren, kranken Menschen diese Ressourcen zur Verfügung zu stellen.
- Begründung: alte Menschen besetzen lebenswichtige Ressourcen zulasten von jüngeren Menschen.

M 3 referiert einen weiteren Vorschlag, um die Zahl der Spenderorgane zu erhöhen.

Die wichtigsten Aspekte aus M 3

- Wachkomapatienten, irreversibel Bewusstlose und terminal Kranke sollen euthanasiert werden, um mehr Spenderorgane zu erhalten.
- Begründung: die Tötung dieser Menschen werde in Kauf genommen, da die Lebensrettung eines Menschen die vielfache Tötung ohnehin Todgeweihter rechtfertige.

In **Arbeitsauftrag 2** (Seite 67) sollen die S angesichts der Vorschläge in M 2 und M 3 die Gefahr eines Dammbruchs hinsichtlich der Verquickung von Organgewinnung und aktiver Sterbehilfe erörtern. Dazu ist auf die Kenntnisse des Kapitels zur Sterbehilfe zurückzugreifen.

M 4 und M 5 geben Stellungnahmen von hohen Stellvertretern der katholischen wie der evangelischen Kirche zur Organspende wieder.

Die wichtigsten Aspekte aus M 4

- Organspende wird als förderungswürdiger Akt der Nächstenliebe bezeichnet, da sie Ausdruck großherziger Solidarität sei (Z. 4 f.).
- Allerdings müssen folgende Bedingungen eingehalten werden:
  - Freiwilligkeit der Organspende (Z. 9 ff.),
  - bereits eingetretener Tod (Hirntod?/Ganztod?) des Menschen; die Organentnahme dürfe nicht den Tod des Menschen verursachen (Z. 13 ff.),
  - Offenheit und Transparenz in der Diskussion, auch in der Frage des Todeszeitpunkts (Z. 15 ff.),
- Kritik am Mangel an Spenderorganen (Z. 20 ff.),
- Kritik an der bisherigen Aufklärung der Bevölkerung (Z. 23 ff.).

Die wichtigsten Aspekte aus M 5

- Organspende ist mit vielen offenen Fragen verbunden (Z. 8–19).
- EKD fordert ihre Mitglieder zu einer überlegten Stellungnahme auf.
- EKD weist aus christlicher Sicht auf folgende Aspekte hin:
  - menschliches Leben und menschlicher Körper sind ein Geschenk Gottes, das aus Nächstenliebe und Solidarität eingesetzt werden darf (Z. 25 f.),
  - Auferstehungshoffnung werde durch Organentnahme nicht tangiert (Z. 30 f.),
  - eine Organentnahme sei mit der Menschenwürde vereinbar (Z. 28 f.),
  - allerdings gebe es keine Pflicht zur Organspende (Z. 32 ff.),
  - es gebe auch keine Pflicht zu einer Entscheidung, diese könne aber Angehörige in einer schwierigen Situation entlasten (Z. 34–46).

In **Arbeitsauftrag 3** (Seite 67) sollen die S vor dem Hintergrund der jesuanischen Gebote der Nächstenliebe, der Goldenen Regel sowie der alttestamentlichen Gebote erörtern, ob und ggf. inwieweit diese als Aufforderung zur Organspende ausgelegt werden können.

Gebot der Nächstenliebe:

- Das Gebot der Nächstenliebe ist zugleich auch ein Gebot der Selbstliebe; daraus folgt, dass mein Wunsch nach einem Weiterleben nicht dazu führen soll, meinem Nächsten ein Unglück zu wünschen, damit ich seine Organe erhalte.
- Umgekehrt kann auch das Gebot der Nächstenliebe einen Menschen inspirieren, angesichts des unabwendbaren eigenen Todes solidarisch dem anderen ein Weiterleben zu ermöglichen, selbst um den Preis, dass für den Spender kein Sterben im Sinne einer klassischen Sterbebegleitung realisierbar ist.

Goldene Regel:

- Prinzip der Reziprozität: Das, was ich an mir wahrnehme, muss ich auch anderen zugestehen; im Kontext der Organspende bedeutet dies, dass ich auch zur Organspende bereit sein sollte, wenn ich selber bereit wäre, Organe anzunehmen.
- Allerdings zeigt der Nachsatz in Mt 7,12b den Rückverweis auf die Erfüllung von Propheten und Gesetz; vgl. dazu die Zehn Gebote.

Zehn Gebote:

- Klares Tötungsverbot: Es hängt von der Festlegung des Todeszeitpunkts ab; wenn der Hirntod als Todeszeitpunkt verstanden wird, wäre eine Organentnahme keine Tötungshandlung.
- Das letzte Gebot soll den Menschen vor dem begehrlichen Übergriff der anderen schützen (hier wäre im Kontext der Organspende interessant, dass die wartenden Empfänger durchaus begehrlich die Organe eines Dritten wünschen).

4.2.5 Werbung für Organspende

Die fünf auf der Doppelseite abgedruckten Werbeanzeigen bzw. -entwürfe wollen alle für Organspende werben, gehen dabei aber unterschiedlich aggressiv oder ästhetisch vor.

M 1 ist eine Werbeanzeige der Organ Donor Foundation (Übersetzung: „Wenn du zum Todeszeitpunkt kein Organspender bist, nimmst du noch jemand anderen mit [in den Tod]. Melde dich an und rette bis zu sieben Leben.").

Die wichtigsten Aspekte aus M 1

- Der verunglückte Surfer, der auf den Klippen gelandet ist, ist anscheinend verstorben (darauf weisen die Kopfverletzungen und die Körperhaltung, außerdem das zerbrochene Surfbrett hin).
- Neben ihm liegen sieben weiß gekleidete (OP-Hemdchen?/Leichenhemdchen?) junge Männer und Frauen, alle ebenfalls auf den Klippen liegend, aber ohne äußere Verletzungsspuren.
- Das Bild weist (mit moralischem Zeigefinger) auf die tödlichen Folgen hin, die eine nicht erklärte Organspendebereitschaft für sieben weitere Menschen haben kann.

M 2 bis M 4 sind Werbeanzeigen der DSO, die für mehr Spendenbereitschaft werben.

Die wichtigsten Aspekte aus M 2

- In einer alltäglich-banalen, beiläufigen Situation ist eine junge Frau dargestellt, die vor einem Springbrunnen stehend etwas in ihrer Handtasche sucht.
- Die Fontänen des Springbrunnens erinnern in ihrer Form an große weiße Engelsflügel, was spätestens über den am linken unteren Bildrand aufgenommenen Spruch „Man muss kein Engel sein, um ein Leben zu retten" deutlich wird.
- Unter der Anzeige steht klein die Information: „Jährlich warten rund 12000 Menschen auf ein Spenderorgan. Egal ob alt oder jung, jeder der sich bewusst für eine postmortale Organspende entscheidet, rettet Menschenleben. www.lebenretten.de".
- Bewusst wird in dieser Anzeige auf religiöse Symbole angespielt; Engel gelten wie bei Jesaja (Jes 6,1–7) als geflügelte Mittlerwesen, die zum göttlichen Hofstaat gehören; v. a. kennt man sie aber als Verkünder göttlicher Botschaften, dann treten sie häufig in Menschengestalt auf (Gen 16; Lk 2,10–11; Mt 28,1–8; Apg 1,10–11), Engel gewähren den Menschen jedoch auch Schutz (1. Kön 19,4–8; Ps 91,11–12) bzw. begleiten ihn durch Gefahren.

Die wichtigsten Aspekte aus M 3

- Zu sehen ist keine ganze Person, sondern nur ein entkleideter Oberkörper, der zu einer jungen, männlichen Person gehören muss.
- Auf die Haut ist farbenfroh eine Lunge (mit Fingerfarben o. Ä.) an die entsprechende Stelle aufgemalt worden.
- Am linken Bildrand wird der Titel des Plakats „Die Kunst Leben zu retten" vor den Oberkörper gesetzt.
- Unter der Anzeige steht klein die Information: „12.000 Menschen sind auf der Warteliste. Täglich sterben 3 davon, während 14 neu hinzukommen. Die meisten Menschen halten Organspende für eine gute Sache. Die wenigsten besitzen jedoch einen Organspendeausweis. Helfen Sie uns in Ihrer Stadt bei der Kunst Leben zu retten und informieren sie sich unter www.dso.de".
- Bewusst wird hier sehr ästhetisch auf die Organspende abgehoben.

Die wichtigsten Aspekte aus M 4

- Ein großer heller Grabstein zeigt die Inschrift des Verstorbenen (Rudolf Wilhelm Gottgetreu mit Geburts- und Sterbedatum aus dem 19. Jh.), wobei die Inschrift deutlich verwittert ist.
- Unter dem Namen und den Daten ist nicht verwittert und golden unterlegt der Hinweis „Organspender" in den Stein gemeißelt.
- Betont wird der Fokus auf diesen Titel v. a. dadurch, dass durch die Ausleuchtung/farbliche Gestaltung des Steins der Blick v. a. auf den goldenen Titel fällt, weil dahinter der Stein deutlich heller ist (der Vorname als unser eigentlicher Rufname und Identifikationsname ist dagegen kaum zu erkennen).
- Unter der Anzeige wird dem Betrachter klein der Sinnspruch „Dein Leben ist vergänglich, nur deine Taten bleiben ewig" als Denkanstoß mitgegeben.

Die wichtigsten Aspekte aus M 5

- Der Schauspieler und Regisseur Til Schweiger ist porträtiert und blickt den Betrachter ernst und entschlossen an.
- Vor das Porträt ist in großer Schriftgröße der Schriftzug „Du bekommst alles* von mir, ich auch von dir?" gesetzt, wobei die Ergänzung (Asterisk) über dem Logo der Initiative ‚pro Organspende' aufgeführt wird („Du bekommst alles von mir, mein Herz, meine Lungen, Nieren, meine Leber, Bauchspeicheldrüse, Dünndarm, Teile der Haut, Gewebe oder kurz gesagt ALLES von mir im Fall, dass nach meinem Tod eine Organspende möglich ist, da ich dann nicht mehr darauf angewiesen bin, es Dir, Deinen Verwandten und Freunden jedoch das Leben retten kann").
- Die auf dem Plakat angegebene Internetseite ist nicht mehr abrufbar.

Arbeitsauftrag 1 (Seite 68) lässt die S eine der fünf Werbeanzeigen arbeitsteilig beschreiben und vorstellen.

In **Arbeitsauftrag 2** (Seite 68) sollen die S anschließend im Sinne einer Sicherung der zum Thema erarbeiteten Inhalte begründet Stellung nehmen, welche sie für gelungen halten oder welche abzulehnen wären. Erfahrungsgemäß wird M 1 von den S als zu aggressiv und provokant abgelehnt, aber auch in allen anderen Werbeanzeigen (evtl. ausgenommen

M 4) wird zu wenig auf die Tatsache eingegangen, dass der Organspender ein Sterbender bzw. Hirntoter ist, der seine noch lebenden Organe zugunsten eines Dritten hingibt, d.h. dass das Leben-Retten gleichzeitig mit dem Sterben im OP verbunden ist. Wichtig wäre an dieser Stelle, auch den christlichen Standpunkt miteinzubeziehen (vgl. M 2, M 4).

4.3 Exkurs: Ethische Konflikte zu Beginn des Lebens

M 1 gibt historische Stationen im Verständnis des Embryos und ihre Auswirkungen auf die theologische bzw. juristische Beurteilung am Beispiel des Schwangerschaftsabbruchs wieder.

Die wichtigsten Aspekte aus M 1

- Aristotelische Sukzessivbeseelungstheorie: Diese Idee hat Auswirkungen bis in die Neuzeit; grundsätzlich nahm man an, dass die Seele durch das Atmen in den Körper gelange und damit erst nach der Geburt der Mensch beseelt sei (griech. ‚Psyche' = Hauch, Atem, Leben; vgl. dazu 2. Schöpfungserzählung ‚Gott blies dem Menschen den Atem ein' [Gen 2,7]). Aristoteles ging hingegen von einer schrittweisen Beseelung aus, daher habe die Leibesfrucht zu Beginn nur einen Seelenstatus, der mit einer Pflanze vergleichbar sei, bevor am 40. Tag der männlichen Leibesfrucht und am 90. Tag dem weiblichen Embryo die Seele eingehaucht werde.
- Theologiegeschichte: Vorchristlich hatte der Fetus analog zur aristotelischen Sukzessivbeseelungstheorie nur eine abgestufte Schutzwürdigkeit, die sich im Christentum jedoch zugunsten des Embryos/Fetus veränderte. Erst mit dem Rückgriff auf Aristoteles in der hochmittelalterlichen Scholastik wurde die abgestufte Schutzwürdigkeit wieder eingeführt und erst im 19. Jh. wieder aufgegeben.
- Rechtsgeschichte: Seit der Strafrechtsordnung Kaiser Karls V. im 16. Jh. stand der Schwangerschaftsabbruch (eines Kindes mit ausgeprägten Gliedmaßen) unter Strafe. Verschärft wurde die Strafbarkeit des Schwangerschaftsabbruchs erst 1871 in § 218, der die gesamte Schwangerschaft (auch die frühe Phase) schützte.
- Wissenschaft und Medizingeschichte: Mit zunehmender Forschung wurde im 18. Jh. die Sukzessivbeseelungstheorie infrage gestellt, da das Herausbilden neuer Strukturen (z.B. der Gliedmaße) die Grundlage für menschliche Entwicklung darstellt und dieser Prozess seit der Befruchtung anhält. Konsequenterweise konnte auch für die Beseelung nur der Befruchtungszeitpunkt gelten. Folgen dieser neuen Erkenntnisse spiegeln sich in der Theologie- und Rechtsgeschichte des 19. Jahrhunderts wieder.

Arbeitsauftrag 1 (Seite 71) fragt nach den historischen Begründungen. Auffällig ist die Abhängigkeit der Schutzwürdigkeit (Theologie, Rechtsgeschichte) von den jeweiligen philosophischen wie naturwissenschaftlichen Erkenntnissen, mit dem Ergebnis, dass die ethische Statthaftigkeit einer Handlung z.T. zurückgenommen bzw. wieder zulässig war. Dies zeigt, wie stark die ethische Beurteilung einer Handlung (hier: Schwangerschaftsabbruch) sozialgeschichtlich geprägt bzw. von äußeren Faktoren beeinflusst ist (vgl. dazu M 5 auf Seite 6).

M 2 benennt die vier zentralen Argumente, die im Rahmen der Schutzwürdigkeit des Embryos als Mensch vorrangig benannt werden.

Die wichtigsten Aspekte aus M 2

- Potenzialität: Ausschlaggebend ist, dass sich der Mensch aus sich selbst heraus entwickeln kann, dass alle Anlagen für die Entwicklung bereits in sich verankert vorliegen.
- Gattungszugehörigkeit: Jeder Mensch wird deshalb als schutzwürdig angesehen, weil er – ohne empirisch menschliche Fähigkeiten/Merkmale nachweisen zu müssen – zur menschlichen Gattung gehört, die bspw. zur Vernunft begabt ist (ohne dass im Einzelfall die Ausprägung eines Merkmals wie Vernunft nachzuweisen wäre).
- Identität: Jeder Mensch identifiziert sich als Person bereits vom Beginn des Lebens an (auch wenn er sich zu diesem Zeitpunkt noch nicht als „Ich" aussprechen konnte, so tut er es rückblickend), also zählen auch die ersten Tage eines Menschen zu seiner Identität, selbst bei einer In-Vitro-Fertilisation. Würde man dieses Argument negieren, bestünde die Diskrepanz zwischen der Abbildbarkeit eines Embryos, dem späteren Betrachten dieser Abbilder und der Identifizierung des eigenen Ichs mit diesem Bild (vgl. Z. 34–40).
- Kontinuität: Hier stellt sich die Frage, ob bereits mit der Befruchtung oder erst der Einnistung in die Gebärmutter der Embryo als Mensch gilt (ähnlich wie Aristoteles es bei der Sukzessivbeseelung angenommen hatte). Dem Kontinuitätsargument folgend gibt es keinen weiteren Einschnitt nach der Befruchtung, der zugleich die Potenzialität des Menschen berücksichtigt. Die Bevorzugung der Nidation als Menschwerdung kann den Entwicklungssprung, der den Embryo zuvor als Nicht-Menschen klassifizieren würde, nicht plausibel erläutern.

In **Arbeitsauftrag 2** (Seite 71) sollen theologische Argumente ergänzt werden. Zu nennen wären hier:
- unverlierbare Menschenwürde (Schöpfungserzählungen [Gen 1,2], Sündenfall [Gen 3], Kain und Abel) und Gleichheit der Menschen,
- Auftrag des Menschen laut Schöpfungserzählungen („bebauen und bewahren/schützen"),

- Tötungsverbot (10 Gebote) spricht sich gegen die Tötung Unschuldiger aus,
- evtl. Goldene Regel [Mt 7,12 bzw. Lk 6,31].

M 3 setzt sich aus der Sicht von Peter Singer mit dem Status des Embryos im Hinblick auf die Embryonenforschung auseinander. Singer geht dabei auch auf (christliche) Argumente des Embryonenschutzes ein und stellt diesen seine utilitaristische Konzeption des Personbegriffs gegenüber. *Seine zum Teil drastischen Schlussfolgerungen zu bioethischen Themen, die weltweit scharf kritisiert wurden, finden sich auch im Text M 3 wieder, bspw. wenn er provokant den frühen Embryo (mit Blick auf das vorhandene Bewusstsein) mit einem Salatblatt gleichsetzt (Z. 78).*

Die wichtigsten Aspekte aus M 3

- Die Frage nach dem moralischen Status des Embryos ist für Singer die umstrittenste Frage, da sie in vielen Kontexten (Embryonenforschung, Einpflanzung von künstlich befruchteten Eizellen) relevant ist.
- Singer zählt einleitend Vorteile der Embryonenforschung auf (Z. 7–34):
  - Verbesserung der In-Vitro-Fertilisation, z. B. durch Mikro-Injektionen,
  - Forschung zur Vermeidung genetischer Defekte, durch die kranke Eizellen nach In-Vitro-Fertilisation selektiert werden können und nur gesunde Eizellen eingepflanzt werden,
  - langfristige Krebsforschung (Erforschung der Krebszellen, Test von Medikamenten) ohne Tierversuche,
  - Entwicklung isolierter Organe als Organersatz und Alternative zur Organspende.
- Singer isoliert den Begriff „menschliches Wesen" als Dreh- und Angelpunkt der Argumentation; dieser Begriff wird Singers Ansicht nach falsch verwendet: Singer unterscheidet:
  - die Spezies ‚Homo sapiens',
    - auch Singer bestätigt die Zugehörigkeit des Embryos zur Spezies,
  - nach Singer soll die Unterscheidung von menschlichem und nicht-menschlichem Leben nach nichtreligiösen Unterscheidungskriterien (Z. 55–65), die uns zu ‚wirklichen Menschen', d. h. ‚Personen' machen (Z. 65–68), vollzogen werden. Diese Kriterien lauten:
    - Selbstbewusstsein
    - Rationalität
    - Sittlichkeitsgefühl
    - Autonomie
- Aufgrund der Begriffsdifferenzierung von ‚Spezies' und ‚Person' kommt Singer zu dem Schluss, dass Embryonen noch keine Personen sind, was für ihn gleichgesetzt bedeutet, es handle sich (noch) nicht um menschliche Wesen, die folglich auch noch kein Recht auf Leben haben (Z. 68–88).
- Singer spricht sich gegen einen Speziesismus aus, der Menschen nur aufgrund ihrer Zugehörigkeit zur Spezies ‚Homo sapiens' eine Vorrangstellung einräumt und damit das Tötungsverbot anthropozentrisch bestimmt (Z. 89–113).
  - Die sei Erbe jüdisch-christlicher Tradition, findet sich bspw. im Buddhismus oder Hinduismus nicht gleichermaßen,
  - ursächlich sind zwei christliche Vorstellung maßgebend:
    - Vorstellung von der Ebenbildlichkeit des Menschen (Z. 123 ff.):
      - Wörtlich verstanden (Gestaltanalogie) bezweifelt Singer, dass aus zwei Eizellen eine Gottebenbildlichkeit entstehen könne (Z. 127 f.).
      - Auf die Rationalität des Menschen bezogen, verweist Singer auf die noch unzureichend ausgeprägte Rationalität des Embryos (Z. 132–139).
- <u>christliche Verteidigung des Embryos:</u>
    - Vorstellung einer unsterblichen Seele als christliches Argument für einen Schutz des frühen Embryos (Z. 125 f.) wird von Singer negiert:
      - Singer bezweifelt aufgrund biologischer Forschungsergebnisse, dass ein früher Embryo (vor Abschluss der Zwillingsbildung) bereits beseelt ist, und hält die Sukzessivbeseelungstheorie ab dem 14. Tag für plausibler (Z. 148–167).
      - Singer stellt dar, dass die Beseelung analog zur Ausbildung des Bewusstseins ebenfalls denkbar wäre (Z. 168–171).
      - Letztlich stellt Singer die Idee einer „unsterblichen Seele" wegen fehlender Grundlagen insgesamt infrage (Z. 171–176).
- Singer schlussfolgert, dass die Versuche, einem frühen Embryo eine Schutzwürdigkeit argumentativ zuzusprechen, als unzulänglich einzustufen sind (Z. 177–190).
- Er fordert, die tatsächlichen geistigen Eigenschaften des Embryos zu berücksichtigen, z. B. die Empfindungsfähigkeit oder das Bewusstsein (Z. 191 ff.), also den präferenz-utilitaristischen Personenbegriff, zugrundezulegen.

In **Arbeitsauftrag 1** (Seite 73) sind die Gedanken Singers (s. o.) zusammenzufassen.

Arbeitsauftrag 2 (Seite 73) greift Singers Bezug zum Begriff der ‚Ebenbildlichkeit' des Menschen auf.

Wenn der Mensch von Beginn an als Ebenbild Gottes anzusehen ist, dann ist er auch von Beginn an als schutzwürdig einzustufen. (Vgl. zur Ebenbildlichkeit M 6 bis M 8, Seite 18 f.). Ein mögliches Argument, den Embryo von Beginn an als schutzwürdig einzustufen, wäre bspw. die Potenzialität, die im Embryo vorhanden ist und die gegen Singers Personenbegriff spräche.

Der in **Arbeitsauftrag 3** (Seite 73) geforderte Leserbrief sollte sich sowohl kritisch mit Singers Personenbegriff auseinandersetzen (und kann dann auch auf andere Themenbereiche wie Sterbehilfe zurückgreifen) als auch Singers Kritik an der christlichen Argumentation aufnehmen.

Umgesetzte Kompetenzen gemäß den EPA im Band „Die Sinngebung menschlichen Daseins und verantwortlichen Handelns aus christlicher Motivation“

Kompetenz: Wahrnehmungs- und Darstellungsfähigkeit – religiös bedeutsame Phänomene wahrnehmen und beschreiben	**Kapitel 1**	**Kapitel 2**	**Kapitel 3**	**Kapitel 4**
Situationen erfassen, in denen letzte Fragen nach Grund, Sinn, Ziel und Verantwortung des Lebens aufbrechen	✘	✘	✘	✘
religiöse Spuren und Dimensionen in der Lebenswelt aufdecken			✘	✘
grundlegende religiöse Ausdrucksformen (Symbole, Riten, Mythen, Räume, Zeiten) wahrnehmen und in verschiedenen Kontexten wiedererkennen und einordnen			✘	✘
ethische Herausforderungen in der individuellen Lebensgeschichte sowie in unterschiedlichen gesellschaftlichen Handlungsfeldern wie Kultur, Wissenschaft, Politik und Wirtschaft als religiös bedeutsame Entscheidungssituationen erkennen	✘	✘	✘	✘

Kompetenz: Deutungsfähigkeit – religiös bedeutsame Sprache und Zeugnisse verstehen und deuten	**Kapitel 1**	**Kapitel 2**	**Kapitel 3**	**Kapitel 4**
religiöse Sprachformen analysieren und als Ausdruck existenzieller Erfahrungen verstehen (Beispiele: Gebet, Lied, Segen, Credo, Mythos, Grußformeln, Symbole)			✘	
religiöse Motive und Elemente in Texten, ästhetisch-künstlerischen und medialen Ausdrucksformen identifizieren und ihre Bedeutung und Funktion erklären (Beispiele: biographische und literarische Texte, Bilder, Musik, Werbung, Filme)			✘	✘
biblische Texte, die für den christlichen Glauben grundlegend sind, methodisch reflektiert auslegen			✘	✘
theologische Texte sachgemäß erschließen			✘	✘
Glaubensaussagen in Beziehung zum eigenen Leben und zur gesellschaftlichen Wirklichkeit setzen und ihre Bedeutung aufweisen			✘	✘

Kompetenz: Urteilsfähigkeit – in religiösen und ethischen Fragen begründet urteilen	**Kapitel 1**	**Kapitel 2**	**Kapitel 3**	**Kapitel 4**
deskriptive und normative Aussagen unterscheiden	✘	✘	✘	✘
Formen theologischer Argumentation vergleichen und bewerten				✘
Gemeinsamkeiten von Konfessionen und Religionen sowie deren Unterschiede erklären und kriteriengeleitet bewerten			✘	
Modelle ethischer Urteilsbildung kritisch beurteilen und beispielhaft anwenden	✘	✘		✘
die Menschenwürde theologisch begründen und als Grundwert in aktuellen theologischen Konflikten zur Geltung bringen			✘	✘
im Kontext der Pluralität einen eigenen Standpunkt zu religiösen und ethischen Fragen einnehmen und argumentativ vertreten	✘	✘	✘	✘